Prof. Dr. M. Hakan Türkçapar

1990 yılında Hacettepe Üniversitesi Tıp Fakültesi'ni, 1995 yılında psikiyatri ihtisasını bitirdi.

Uzmanlık sonrası, 1997'de, ABD'de *Beck Institute for Cognitive Therapy and Research*'te Bilişsel Psikoterapi eğitimi aldı. 1999'da *New York Ellis Institute*'ta aldığı Akılcı Duygusal Davranışçı Terapi *(Rational Emotive Behaviour Therapy)* eğitimi sonrasında bu alanda önce Temel Sertifika *(Primary Certificate)*, 2008 yılında ise İleri Düzey Sertifika *(Advanced Certificate)* aşamalarını tamamladı.

2000 yılında psikiyatri doçenti, 2012 yılında psikiyatri profesörü olan Dr. Türkçapar, psikiyatrinin yanı sıra sosyal antropoloji alanında yüksek lisans ve doktorasını tamamlayarak 2009'da sosyal antropolojide bilim doktoru unvanı aldı.

2003'te Bilişsel Terapi alanında yeterliliği değerlendiren uluslararası Bilişsel Terapi Akademisi *(Academy of Cognitive Therapy)* tarafından Bilişsel Terapist olarak sertifiye edildi. Aynı yıl, alana olan katkıları nedeniyle akademinin *"Fellow"* üyeliğine, 2005'te ise sertifikasyon kuruluna alındı. 2013'te yine ACT tarafından Bilişsel Davranışçı Psikoterapi Eğiticisi ve Danışmanı olarak sertifiye edildi.

Dr. Türkçapar'ın, Bilişsel Davranışçı Terapi alanında *Bilişsel Davranışçı Terapi: Temel İlkeler ve Uygulama* (2007), *Klinik Uygulamada Bilişsel Terapi: Depresyon* (2009) ve *Fark Et, Düşün, Hisset, Yaşa: Kendi Kendine Psikoterapi Rehberi* (2019) adlı üç kitabı ve sayısı yüzü aşan makalesi yayımlanmış, 1999 yılından itibaren çeşitli merkezlerde ve kongrelerde Bilişsel Davranışçı Terapi alanında çalışan profesyonellere yönelik eğitim çalışmaları yapmıştır. Yine aynı alanda bilimsel çalışmalara yer veren *Bilişsel Davranışçı Psikoterapi ve Araştırmalar* dergisinin de kurucu editörüdür.

2005 2012 yılları arasında Ankara Dışkapı Yıldırım Beyazıt Eğitim Araştırma Hastanesi'nde psikiyatri kliniği şefliği, 2008-2011 arasında Etlik İhtisas Hastanesi'nde psikiyatri kliniği kurucu şefliği ve 2012-2019 arasında Hasan Kalyoncu Üniversitesi'nde psikoloji bölüm başkanlığı yapan Dr. Türkçapar, halen Bilişsel Davranışçı Psikoterapiler Derneği'nde başkanlık ve Ankara Sosyal Bilimler Üniversitesi'nde psikoloji bölümünde öğretim üyeliği ve bölüm başkanlığı görevlerini yürütmektedir.

Hayatı Anlamak Serisi 1

Depresyondan Çıkış Yolu - Kendi Kendine Yardım Kitabı
Prof. Dr. M. Hakan Türkçapar

Genel Yayın Yönetmeni: Aslı Tunç
Editör: Tolga Meriç
Düzelti: Ahmet Özgün Tatar
Kapak ve Sayfa Tasarım: Şükrü Karakoç

9. Baskı: Mart 2025
ISBN: 978-605-173-794-2

Baskı ve Cilt:
My Matbaacılık San. ve Tic. Ltd. Şti.
Maltepe Mah. Yılanlı Ayazma Sk. No: 8/F
Zeytinburnu / İstanbul
Tel: (212) 674 85 28
mymatbaa34@gmail.com
Sertifika No: 47939

Yayımlayan:
Epsilon Yayınevi Ticaret ve Sanayi A.Ş.
Osmanlı Sok., No: 18/4-5 Taksim/İstanbul
Tel: (212) 252 38 21 Faks: (212) 252 63 98
İnternet Adresi: www.epsilonyayinevi.com
E-posta: epsilon@epsilonyayinevi.com
Sertifika No: 49067

Hayatı Anlamak Serisi **1**

depresyondan çıkış yolu

Kendi Kendine Yardım Kitabı

Prof. Dr. M. HAKAN TÜRKÇAPAR

Psikoloji

epsilon

Hayatı Anlamak Serisi

Bilimsel ilkelere göre hazırlanmış yeni bir kitap dizisiyle karşınızdayız: Psikolojik konularla ilgili bilgi edinmek ve yeni yöntemler öğrenerek kendini geliştirmek isteyenler başta olmak üzere, herkese seslenen bir kitap dizisi.

Dizinin adının "Hayatı Anlamak" olması boşuna değil: Hepimiz bir bedene ve onunla bağlantılı bir psikolojiye sahibiz. Yaşamımızın diğer canlıların yaşamından ayrıldığı en önemli kısım, psikolojik dünyamız. Yaşama anlamını ve rengini veren çoğu zaman psikolojimiz. O yüzden hayatı anlamak, psikolojik dünyamızı da anlamaktan geçiyor.

Bu konuda hem yaşam içinde kendi deneyimlerimizle hem de araştırarak, okuyarak, duyarak öğrendiğimiz pek çok bilgi var. Psikolojik konular ve kavramlar, ne olursa olsun kaçamayacağımız, hep bizimle olan konular ve kavramlar. Psikolojik sıkıntıların yaşanması ise insanın psikolojik bir yanının olmasının doğal sonucu. "Hayatı Anlamak" serisi her kitapta belli bir psikolojik soruna ve konuya odaklanarak hem onlara dair bilgi vermeyi hem de çözümüyle ilgili bireyin neler yapabileceğini aktarmayı amaçlıyor.

Bilgi edinmenin pek çok yolu olduğunu bilmekle ve bunlara saygı duymakla birlikte, bu seri kendini psikolojik bozukluklarla ilgili bilime dayandırıyor. Psikolojik bozuklukların çözümüyle ilgili iletişime dayalı yöntemlerden oluşan psikoterapiye bilimsel bakış, bu serinin ana rengi. Ruhsal rahatsızlıkların nedenleri ve çözümleri için bilimsel yöntemi esas alan bir psikoterapi türü olan Bilişsel Davranışçı Psikoterapi'yi temel alan kitaplar bunlar.

Bilişsel Davranışçı Psikoterapi en yalın şekilde şu ilkeye dayanır: Kişinin içinde olduğu ortam, bu ortamda yaşadığı olaylar, bu çevreye ilişkin algıladıkları ve algılarıyla ilgili düşünceleri, duygusal ve bedensel tepkileri, davranış ve konuşmaları birbirlerini etkiler. Ve eğer bir ruhsal sorun varsa, bu alanlarda yaşanan bazı aksaklıklar başlatıcı olmakla birlikte, daha sonra sorunun sürmesinde özellikle bilişsel ve davranışsal etkenler rol oynar. Yaşam ve olaylar, bedensel ve duygusal tepkilerimiz doğrudan doğruya bizim kontrolümüzde değildir. Bizim kontrolümüzde olan, davranışlarımız ve düşüncelerimize verdiğimiz tepkidir. Bilişsel Davranışçı Psikoterapi, bu tepkinin psikolojik sıkıntılarımızı azaltacak biçime dönüşmesine yardımcı olur. Hedef, bireyin daha gerçekçi, duruma ve amaçlarına uygun şekilde düşünmesine, nasıl bir insan olmak ve nasıl bir hayat yaşamak istiyorsa ona uygun davranıp yaşamasına yardımcı olmaktır.

Dizinin editörü olarak beni, katkıda bulunan bütün yazar arkadaşlarımızı, yayınevini ve ekibi çok heyecanlandıran bu serinin sizlerde bulacağı yankı çabalarımızın en büyük ödülü olacaktır.

Anlamlı ve iyi bir yaşam dileğiyle…

Prof. Dr. M. Hakan Türkçapar

Abim Ahmet Türkçapar'a,
sevgiyle…

İÇİNDEKİLER

Bir şey vardır insana şimdi gelen ve sürekli
Basılı değildir, buyurulmuş, tartışılmış değildir, tartışmadan da, basımdan da kaçar
Bir kitaba sokulamaz, bu kitapta da yok
O senindir kim olursan ol, duyman ya da görmen sana ne kadar uzak olabilirse, o da ancak o kadar uzaktır
En yakın, en sıradan, en hazır şeylerde gizlidir, hep onlarla canlanır

("Çimen Yaprakları" / Walt Whitman
Çev. Memet Fuat / Sel Yayıncılık)

Önsöz

Kendi kendine yardım kitapları ve tedavi kılavuzları günümüzde ruhsal sorunların tedavisinde kullanılan iki tür rehberdir. Kendi kendine yardım (self-help) kitapları danışanlara ve genel okura, tedavi kılavuzları (treatment manual) ise psikoterapistlere veya profesyonellere dönük yazılmıştır.

Hedef okuyucu kitlesi açısından yapılan bu ayrımın pratikte bire bir karşılığının olmadığını hem kendimde hem de danışanlarımla olan deneyimlerimde gördüm. Çoğu kere, bir terapiyi yürütürken terapist el kitabından çok kendi kendine yardım kitaplarından yararlandım. Pek çok danışanımınsa temelde terapistlere dönük olarak yazdığım *Bilişsel Davranışçı Terapi / Temel İlkeler ve Uygulama* ve *Depresyon* adlı kitaplarımı okuyarak çok yararlandıklarını söylediklerine tanık oldum.

Elinizdeki kitapsa temelde her düzeydeki depresif durum ve tedavisi konusunda bilgi vermeyi, aynı zamanda depresyonla mücadelede kişinin kendi kendine yapabileceklerini aktarmayı amaçlamış ve bu konuya ilgi duyan herkese dönük yazılmıştır. Bu nedenle hedeflediği okur kitlesi olarak, daha önce depresyon tanısı almış bireyleri, halen klinik düzeyde bir depresyonu olan ve aynı zamanda bir doktor veya terapistle birlikte çalışan kişileri, yakın veya sevdiği kişilerde depresyon tanısı almış, depresyonun ne olduğunu anlamak ve onlara yardımcı olmak isteyenleri, kısacası bu konuya merak ve ilgi duyan herkesi kapsamaktadır. Doğal olarak, bu grupların yanı sıra, depresyonun tedavisiyle ilgilenen ruh sağlığı çalışanlarının da kendilerine göre adapte edip yararlanabilecekleri bir kaynak oluşturmayı hedefledim.

Bu kitabın giriş bölümleri depresyonun ne olduğunu ve tedavisiyle ilgili genel bilgileri anlatıyor. Sonraki kısmı ise depresyona ilişkin etkisi bilimsel olarak gösterilmiş Bilişsel Davranışçı Terapi tekniklerinin sizlerin uygulayabileceği bir formatta adım adım aktarıldığı kendi kendine yardım bölümleri.

Bu arada şunun altını çizmeliyim: Bu kitap klinik bir durumu kendi kendinize yenmeniz için tek başına yeterli değildir. Klinik düzeyde sorunu olan bireylerin muhakkak bir ruh sağlığı profesyonelinden yardım alması gerekir. O tür durumlarda bu kitabı hekim yönlendirmesiyle veya Bilişsel Davranışçı Terapi'yi uygulama konusunda yetkin bir terapistle terapinizi yürütürken yardımcı olarak kullanabilirsiniz. Eğer kitabı profesyonel yönlendirme olmaksızın tedavinize destek amaçlı kullanırsanız, buradaki önerilerle hekiminizin veya psikoterapistinizin söyledikleri arasında bir uyuşmazlık gördüğünüzde bunu kendilerine danışmanız ve onların önerilerine uygun hareket etmeniz yerinde olacaktır.

Umarım bu kitap depresyonun anlaşılması ve azaltılması konusunda yararlı sonuçlar doğurur.

Önsözlerin en sevdiğim yanı, kitabın oluşumunda katkısı olan kişilere teşekkür etme imkânı vermesi; onlar olmasaydı bu kitap ortaya çıkmazdı.

Öncelikle ailem; sevgili eşim Figen, oğullarım Merd ile Berk, değerli annem Suna Türkçapar, anısını içimde yaşattığım sevgili babam Tahsin Türkçapar, çocukluğumun en önemli kişisi abim Ahmet Türkçapar, kendisi de bir psikolog olan kız kardeşim Hatice Mengül; psikiyatri-psikoterapi alanındaki değerli hocalarım, ilk başta Haluk Özbay, asistanlığımdaki uzmanlarım Erol Göka, Emine Zinnur Kılıç, dinamik psikoterapi alanındaki hocalarım, rahmetli Leyla Zileli, Orhan Öztürk ve Sağman Kayatekin; maalesef isimlerini tek tek sayamadığım sevgili çalışma arkadaşlarım ve meslektaşlarım; asistan ve öğrencilerim; yaşamlarını, sıkıntılarını ve en önemli konularını açarak bana insan psikolojisini öğreten değerli danışanlarım, hastalarım... Hepsine minnettarım.

Bu öneriyi getirdiğimde tereddütsüz bir şekilde destek olan, kitabın mutfağında yer alan Epsilon Yayınevi'nin değerli yöneticileri Ömer ve Fırat Yenici ile bu kitapta beraber çalışma şansını elde etmekten çok memnuniyet duyduğum sevgili Tolga Meriç de ayrı bir teşekkürü hak ediyorlar.

Umarım bu kitap sizlerde de iyi bir yankı bulur.

Sevgi ve saygılarımla...

Ankara, 2020

Okuma Rehberi

Değerli okuyucumuz,

Bu kitabın bölümleri birbirlerini sırayla tamamlayacak şekilde yazılmıştır. Her bölüm birbirinden bağımsız olarak okunduğunda da kitaptan verim alınabilir ama en verimlisi kitaptaki sıralamayı izleyerek yapılacak olan okumadır. Verimi daha da artırmak için kitabın başında sizlere bu kılavuzu sunmak istedik.

Kitabın ilk bölümü, "Depresyon nedir?" sorusunun cevabını ele alıyor. Bu bölümde depresyonu anlamak, depresyonun özelliklerini ve tanı ölçütlerini tanımak, yoğunluğunu ve şiddetini değerlendirmek üzere bilgiler sunuluyor. Depresyon riskini artıran özellikler ve depresyonun nasıl seyrettiği aktarılıyor.

İkinci bölüm depresyonun nedenini ele alıyor. Bu bağlamda depresyonun oluşumuna yol açabilecek yaşam olayları, biyolojik-kalıtımsal ve davranışsal etkenler, düşünsel özellikler ve insan ilişkilerindeki sorunlar açıklanıyor.

Üçüncü bölümün ve devamının odağı ise çözüm. Depresyon diye bir olgu varsa, bunun bir çözümü de var. Bu bölümde depresyona ilişkin bütün çözüm yolları ve bunların özellikleri, etki düzeyleri açıklanıyor.

Dördüncü bölüm depresyonun psikolojik yöntemlerle çözümüne giden ilk yol olan davranış alanında neleri nasıl yapabileceğimize ayrıldı. Bölümün hedefi, davranışlarımızı depresyonu azaltacak şekilde nasıl değiştirebileceğimizi, nasıl bir insan olmak ve nasıl bir hayat sürmek istediğimizi anlayıp bunlara dönük yaşayarak depresyonu azaltmak.

Beşinci bölüm depresyonumuzu artırıp onu besleyebilecek bir diğer alan olan düşüncelerimiz üzerine. Depresyonu azaltacak biçimde daha gerçekçi, içinde bulunduğumuz duruma ve yaşadığımız olaylara daha uygun ve bize daha yararlı şekilde düşünmeyi geliştirmemizi amaçlıyor.

Altıncı bölüm depresyonun çevremizle ve ilişkilerimizle bağlantısını ele alıyor. İnsan ilişkilerine ve yaşadığımız sorunlara nasıl daha iyi yaklaşıp bu alanlarda nasıl daha iyi yönde değişiklikler yapabileceğimize odaklanıyor.

Yedinci ve son bölümse kitabı bir anlamda özetlerken geleceğe dönük olarak yapabileceklerimizi ve aklımızda kalması gerekenleri sıralıyor.

Umarım, bu, yaşamdaki hedeflerinizle uyumlu bir yolculuk olur.

Birinci Bölüm

Depresyonda mısınız?

Beni en güzel günümde
Sebepsiz bir keder alır.
Bütün ömrümün beynimde
Acı bir tortusu kalır.
Anlayamam kederimi,
Bir ateş yakar derimi,
İçim dar bulur yerimi,
Gönlüm dağlarda bunalır.
Ne kış, ne yazı isterim,
Ne bir dost yüzü isterim,
Hafif bir sızı isterim,
Ağrılar, sancılar gelir.
Yanıma düşer kollarım,
Görünmez olur yollarım,
En sevgili emellerim
Önüme ölü serilir...
Ne bir dost, ne bir sevgili,
Dünyadan uzak bir deli...
Beni sarar melankoli:
Kafamın içersi ölür.
("Melankoli" / Sabahattin Ali / Oyunlar, Şiirler, Mektuplar,
Yazılar, Tutanaklar / Epsilon Yayınevi)

Keşke Dünyaya Gelmeseydim

(Ahmet Bey'in Öyküsü)

Ahmet Bey 42 yaşında, evli ve bir çocukludur. Bir bilgisayar firmasında yazılımcı olarak çalışmaktadır. Altı ay önce oğlu özel bir ilkokula başlamış, sonrasında işyerinin maaşına beklenen zammı yapmaması ve maaşların geç ödenmesi ekonomik olarak zorlanmasına yol açmıştır. İşverenden maaşların düzenli ödenmesini ve zam talep ettiğinde ise eğer koşulları beğenmiyorsa ayrılabileceği söylenmiş, aynı işi daha az maaşa yapacak pek çok insan olduğu gerekçesiyle sert bir şekilde reddedilmiştir. Yaşı ve piyasa koşulları nedeniyle yeni bir iş bulamayacağından çekinen Ahmet Bey, işine devam etmek dışında başka bir seçenek olmadığını düşünerek duruma rıza göstermiştir.*

Bu dönemde ailevi sorunlar ve ekonomik sıkıntılar nedeniyle eşiyle de aralarında tartışmalar yaşanmış, birbirlerinden uzaklaşmışlardır. Oğulları doğduktan sonra işten ayrılan eşi, Ahmet Bey'in ailesi çocuğun ihtiyaçları konusunda kendilerine destek olmadığı ve artık yeni bir işe başlama şansı azaldığı için

---

* Kitapta verilen olgu örnekleri gerçek kişilere ait değildir, çeşitli hasta öykülerinden birleştirilerek oluşturulmuş kurgusal örneklerdir.

onu suçlamıştır. Bu durum Ahmet Bey'in yaşadığı yalnızlık hissini daha da artırmıştır.

Okulun maddi taleplerini karşılayamadığı için zorlanan Ahmet Bey, hem doğum sonrasında eşinden işini bırakmasını isteyerek hem de oğlunun eğitimine yönelik seçiminde hatalı kararlar aldığını düşünerek kendini suçlu görmeye ve pişmanlık duymaya başlamıştır.

Ardından da uykuları bozulmuş, iştahı kaybolmuş ve az yemeye başlamıştır. Önceden hafta sonları katıldığı arkadaş buluşmalarına ve etkinliklerine (örneğin halı saha maçlarına) gitmez olmuş, eskiden televizyonda maç izlemekten, kitap okumaktan hoşlanırken artık bunları da daha az yapar hâle gelmiştir.

İş dışındaki vaktinin çoğunluğunda evde olan Ahmet Bey, zamanını daha çok yatakta ama uyanık hâlde ve düşünerek geçirmektedir. İşyerinde sadece kendisine verilen, yapmaya zorunlu olduğu işleri yapıyormuş gibi görünmeye çalışırken, performansı da dikkatini toplayamama ve kararsızlık yüzünden azalmıştır.

Hem evde hem de işyerinde suskunlaşıp durgunlaşan Ahmet Bey'in zihni yalnız kaldığı anlarda daha çok yaşamda başarılı olamadığı konulara takılmaktadır. Kendini başarısız ve yetersiz biri olarak görmektedir. Hatta zaman zaman, "Keşke dünyaya gelmeseydim veya bir kaza olsa da ölsem!" gibi düşüncelere kapılmaktadır.

İş sırasında dikkatinin bu düşüncelere kayması çalışma performansını daha da düşürmüş, bölüm müdürü son zamanlardaki verimsizliği nedeniyle onu uyarmış, bu da Ahmet Bey'in karamsarlığını iyice artırmıştır.

Yaşadığı zorlukları kimseyle paylaşmayan Ahmet Bey eğer eşine ya da başka birine sorunlarını açarsa onların da daha kötü olacağından veya kendisini kusurlu göreceğinden çekinmektedir.

Belki bazılarınıza tanıdık gelecek bu öykü klinik düzeyde yaşanan bir depresyonu anlatmaktadır.

Depresyon, "çökme" anlamındaki Latince "depressio" sözcüğünden gelir. Günümüzdeki kullanımıyla depresyon hem insanlardaki normal bir duygusal durumu, yani mutsuz, durgun ve üzgün olmayı anlatır hem de ruhsal bir rahatsızlığın adıdır.

Bir ruh hâli olarak depresyon, olumsuz bir duygudurumla, düşük enerjiyle, olağan ve her zaman yapılan şeylere karşı ilgi kaybıyla, karamsarlıkla, kişinin kendisiyle ve gelecekle ilgili olumsuz düşünceleriyle ve toplumdan, insanlardan uzaklaşmasıyla kendini gösterir. Kayıp durumlarından sonra insanın kısa bir süreyle depresyon belirtileri göstermesi normaldir. Eğer bu durum belli bir süreyi aşar, günün tamamına yakın sürmeye başlar ve kişinin özel hayatını, işteki veya okuldaki etkinliklerini, arkadaşlıklarını ve toplumsal ilişkilerini etkilerse o zaman depresif bozukluğa dönüştüğü kabul edilir.

Ruhsal olarak bireyin çökkünlük rahatsızlığı (depresif bozukluğu) olması üzüntü, keder, mutsuzluk, karamsarlık, isteksizlik, durgunluk gibi belirtileri belli bir süredir sürekli ve yoğun bir şekilde göstermesi anlamına gelir.

Günümüzde psikolojik bozukluk tanıları ölçütlerle tanımlanır. Ölçüt, bir ruhsal bozuklukta görülen belirti ve bulguları ifade eder. Ölçütlerden oluşan bozukluk tanımlamaları ise psikiyatrik tanı sistemlerini oluşturur. En çok kullanılan iki tanısal sistem, Dünya Sağlık Örgütü'nün psikiyatrik tanı sistemi ICD (Uluslararası Hastalık Sınıflama Sistemi) ve Amerikan Psikiyatri Birliği'nin sistemi DSM'dir (Ruhsal Bozuklukları İstatistiksel Sınıflandırma Kılavuzu). Depresif bozukluk DSM'de "majör depresyon", ICD'de ise "depresif nöbet" olarak adlandırılır.

Ruhsal rahatsızlıkların çoğu gibi depresyon da bir sendromdur. Tıp dilinde sendrom, nedeni tam bilinmemekle beraber bir küme biçiminde ortaya çıkan belirti ve bulgulardan oluşan bir bütündür. Belirti, kişinin kendinde sorun olarak yaşayıp yakındığı bedensel, düşünsel, duygusal ve davranışsal durumlardır. Örneğin, kişinin, "Kendimi sürekli mutsuz hissediyorum!" ifadesinde bulunması. Bulgu ise o kişideki sorunun dışarıdan gözlemlenen işaretleridir. Örneğin, kişinin durgun olması, yavaş hareket etmesi, yüzünün asık olması gibi.

Depresyonun Tanı Ölçütleri: Belirti ve Bulguları

Ruhsal bozukluklar çeşitli belirti ve bulgulardan oluşan tanı ölçütleriyle tanımlanırlar. Burada depresyonun tanısında kullanılan belirti ve bulguları sıralayacak olmakla birlikte kendi kendinize bu ölçütlerle tanı koymanızın doğru olmayacağını da uyarı olarak belirtmek istiyorum. Ruhsal rahatsızlık tanıları ölçütlere dayalı olarak ruh hekimleri tarafından konulur.

Bu önemli ve gerekli hatırlatmayı yaptıktan sonra, majör depresyon veya depresif bozukluk tanısında kullanılan belirtileri ve bulguları ele alalım.

a) Çökkün Duygudurum

Bir rahatsızlık olarak depresyonda en önde gelen belirti üzüntü ve mutsuzluktur. Ancak her üzüntü depresyon anlamına gelmez. Bedenimizi oluşturan organların hepsi nasıl gerekli ve bir işleve sahipse, ruhsal yapımızı oluşturan olumlu ve olumsuz bütün duygular da gereklidir ve bir işleve sahiptir. Üzüntü, uyum sağlamamıza yardımcı olan normal bir duygudur. Normaldir, çünkü üzüntü, keder ve mutsuzluk bütün insanlarda zaman zaman ortaya çıkan, görülen, yaşanan duygulardır. Gereklidir, çünkü üzüntü de bütün duygular gibi ruhsal işaret sistemimizin bir parçasıdır. Üzüntü, bizim için önemli olan bir şeyi kaybettiğimizin işaretidir. Üzüntü duymayan insan, kayıplarının farkına varamayan ya da zaten değer verdiği bir şeye sahip olmayan bir insandır. Kimse de böyle biri olmak istemez. Üzüntü normalde bizim ortama, duruma uyum sağlamamıza da yardımcı olur, yani uyumsaldır. Böylece kayıplarımızı anlar, ona göre davranışlarımızı ayarlar ve elimizdekilere sahip çıkmaya, onları kaybetmemeye çalışırız.

Depresyon ise üzüntü duygusunun daha yoğunlaşmış, ağır ve süreklilik gösteren bir biçimidir. Depresyondaki üzüntü, normal üzüntüden farklı olarak, kişinin kendini kötü biri olarak görmesini ve bu durumun değişmeyeceğine ilişkin karamsarlığı da içerir. Depresif bireyler geleceğe ilişkin umutsuzluk hissederler. ICD-10'da depresyon ölçütleri tanımlanırken bu belirti "*birey için kesinlikle anormal olacak derecede, büyük ölçüde çevre şartlarından etkilenmeyen, hemen hemen günün tamamına egemen olan ve en az iki hafta boyunca süren çökkün duygudurum*" şeklinde ifade edilmiştir.

Kişi mizah duygusunu, neşesini yitirebilir, yapılan esprilere gülmeyebilir, hatta insanların neden güldüklerini anlayamayabilir. Kendisinin hiçbir işe yaramadığını, çevresine yük olduğunu düşünüp yaptığı işlerin her birini büyük hatalar sayarken, ilerde yapabileceklerinin sonucuyla ilgili de karamsardır. Kendini gerçek anlamda yalnız görür. Üstelik şu anda var olsa bile ileride ona bakıp yardım edecek kimse kalmayacağını düşünür. Eğer bu umutsuzluk ve kötümserlik geçmişle ilgili ise bazı hastalar eskiden yaptığı kötü işlerin cezasını çektiğini, bazı hastalar da bizzat Tanrı tarafından lanetlendiğini ve bu rahatsızlığın yaptığı şeylerin cezası olarak kendisine verildiğini düşünebilir.

b) İstek Kaybı / Zevk Almama

Depresyonun ikinci önemli belirtisi, bireyin daha önceden hoşlandığı faaliyetlerden artık hoşlanmaması ve zevk almaması, aynı zamanda bunlara karşı ilgisinin ve isteğinin de kaybolmasıdır.

Kişi için yıkanma, giyinme, ev işleri gibi basit faaliyetleri bile yürütmek son derece zorlaşır. Daha önceden arkadaşlarıyla buluşan, oyun oynayan, televizyonda dizi takip eden, dışarı çıkıp gezen, kitap okuyan biriyken artık bunları yapmayı istemez, yapmayı azaltır veya yaptığında eskisi kadar zevk almamaya başlar.

DSM'ye göre bir kişinin klinik düzeyde bir depresyon, yani majör depresyon tanısı alabilmesi için doktorun bu iki ölçütten (çökkün duygudurum / istek kaybı-zevk almama) en az birinin varlığını saptaması gerekir.

c) Enerji Kaybı / Yorgunluk

Depresyonun üçüncü temel belirtisi bedensel güçsüzlük, içsel enerjide azalma veya kolay yorulmadır. Kişi kendinde herhangi bir etkinlik yapacak enerjiyi bulamaz veya yapsa da kolay yorulduğunu ifade eder.

Ülkemiz de dahil olmak üzere bütün dünyanın psikiyatrik-ruhsal bozuklukların tanısı ve sınıflandırması için kullandığı ICD-10 sisteminde bir kişiye doktor tarafından depresyon tanısı konulabilmesi için DSM sisteminden farklı olarak buraya kadar sıraladığımız üç belirtiden (çökkün duygudurum / istek kaybı-zevk almama / enerji kaybı-yorgunluk) en az ikisinin saptanması gerekir.

ç) Kendine Güvenin ya da Özsaygının Azalması / Suçluluk Duygusu

Depresif kişi gündelik yaşamla ilgili basit olaylarda bile kendi yargısına güvenmez, karar almak istemez, iş yapabilmek ve başarabilmekle ilgili kendine güveni azalmıştır. Depresyonu olan bireyin kendi yaptıklarına ilişkin bakış açısı daralır, özellikle de sahip olduklarını ve olumlu durumları göremez. Kendini değersiz bulabilir. Çevresindeki insanları hayal kırıklığına uğrattığını, onlara zamanlarını boşa harcattığını düşünebilir. Yıllar önce olup bitmiş, daha önce iyiyken onu rahatsız etmeyen konuları hatırlayarak bunlardan ötürü tarif edilemez düzeyde ve makul olmayan bir şekilde aşırı pişmanlık veya suçluluk duyabilir. Örneğin, kişi yıllar önceki bir sohbette bir arkadaşının gıyabında öfkeyle ileri geri konuştuğunu hatırlayıp bu yaptığının ikiyüzlülük olduğunu düşünerek derin bir suçluluk yaşayabilir. Bunun daha da ileri hâli, kişinin kendini kötü ve yaşamayı hak etmeyen biri olarak görmesidir.

d) Durgunluk, Az Konuşma, Az Hareket Etme

Depresif bireyler durgundur. İçsel enerji ve hevesleri azalmıştır. Az konuşup az hareket ederler. Kolay yorulurlar; kolları ve bacakları ağırlaşmış gibidir. Konuşmaları yavaşlayıp ses tonları alçalır. Bazen de tam tersine, depresyon döneminde sinirlilik, huzursuzluk, yerinde duramama gibi belirtiler görülebilir. Zaman zaman nöbetler şeklinde ağlamaya rastlanır. Ya da kişi kendini çok kötü hissettiğinde bile gözyaşlarının gelmediğini, ağlayamadığını ifade edebilir.

e) Dikkat Toplama Güçlüğü, Yoğunlaşamama, Unutkanlık

Depresif kişiler belli bir konuya dikkatini toplamakta ve bunu sürdürmekte zorlanırlar. Unutkanlık yaşayabilirler. Bu yüzden, dikkat gerektiren etkinliklerden, örneğin okumaktan, konuşmaktan, birini dinlemekten, insanlarla bir arada bulunmaktan ve zihinsel çaba gerektiren işlerden kaçınabilirler.

f) Uyku Bozukluğu (Aşırı Uyku ya da Uykusuzluk)

Depresyonda sık görülen belirtilerden birisi de uyku bozukluğudur. Uyku bozukluğunun her tipi görülebilir, yani kişi uykuya dalmakta, uykuyu sürdürmekte zorlanabilir, gereksiz yere sabaha karşı erken saatlerde kalkıp bir daha uyuyamayabilir. Bazı depresif bireylerde ise tıpkı kimilerinin depresyon döneminde aşırı yemek yemesi gibi aşırı uyku hâli olabilir.

g) İştah Değişikliği (İştahta Artma ya da Azalma) / Kilo Kaybı veya Kilo Alımı

Bazı kişiler için depresyonun ilk işaretlerinden biri yemek yeme iştahının azalmasıdır. Birey bunun sonucunda ciddi kilo kayıpları yaşayabilir. Söylenmedikçe yemek yemek aklına gelmeyebilir. Her ne kadar depresyona özgü olan durum az yeme ve kilo kaybı ise de bazı kişilerde tam tersine aşırı yeme ve kilo alımı görülebilir.

h) İntihar, Ölüm Düşünceleri

Tekrarlayan ölüm düşünceleri ve isteği ile tekrarlayan intihar düşünceleri ya da her tür intihar girişimi depresyonun en ciddi ve sonuçları ölümcül olabilecek belirtisidir. Depresyon kişinin yaşamının önemli alanlarında (iş, aile ve sosyal hayatında) bozulmalara yol açar. Bu durum giderek o kadar kötü bir hâl alabilir ki, kişi gelecekle ilgili umutsuzluğa kapılarak ölümün tek çözüm olduğunu düşünebilir.

ı) Depresyonda Görülen Diğer Belirtiler

Bedensel şikâyetler ve ağrılar, cinsel istekte azalma, irade güçsüzlüğü, kaçınma, beden imgesinde olumsuz yönde değişiklikler, kendini kötü görme, duygusal açıdan önem verilen kişilerle ve değerlerle olan bağın zayıflaması gibi belirtiler de depresyona eşlik edebilirler.

Bir kişide majör depresyonun varlığından söz edebilmek için bu belirtilerin günün hemen hemen tamamında hâkim olması ve en az 15 gündür devam etmesi yani bir süreklilik göstermesi gerekir. Depresyon tanısı koyabilmek için gerekli olan bir başka şey de, ister 15 gün sürsün isterse bir yıl, kişinin yaşamsal işlevlerinde yani iş ve aile ilişkileri gibi konularda bozulma meydana gelmiş olmasıdır. Normal üzüntünün depresyondakinden farkı, çoğunlukla birkaç saatte veya birkaç günde geçmesi ve bireyin buna rağmen faaliyetlerini de yürütebilmesi, kendini suçlamaması ve geleceğe ilişkin karamsarlığının olmamasıdır. Yani depresyonda normal üzüntüden hem şiddet, yoğunluk, sıklık ve süre açısından bir fazlalık hem de nitelikçe bazı farklılıklar vardır.

Eğer bu ölçütleri okuduktan sonra depresyonda olabileceğinizi düşünüyorsanız, yaşadığınız durum sizi ve hayatınızı olumsuz etkiliyorsa, tanı konulması için öncelikle yapmanız gereken bir ruh sağlığı uzmanına başvurmaktır.

Depresyonum Var mı? Varsa, Ne Düzeyde?

Sırada depresyon açısından bir "kendi kendinizi değerlendirme" ölçeği var. Ruhsal belirtilerin varlığını ve düzeyini saptamayı amaçlayan bu tür değerlendirme araçları psikiyatride çokça kullanılır. İnsanın bedensel yanıyla ilgili (örneğin tansiyon, vücut sıcaklığı, kan şekeri) elimizde nesnel ölçüm araçları olmasına karşın, psikolojik belirtiler açısından bu tür araçlardan yoksunuz. Psikolojik belirtilerin düzeyi, kişinin kendisinin veya klinisyenin dolduracağı belirti ölçekleriyle nispeten belirlenebilir. Yani bu ölçekler tanı koymak için tek başına yeterli değildir.

Sırada yer alan ölçek de depresyon tanısı koyma değil, tarama amaçlıdır. Tanıya yardımcı olmaya veya saptanmış bir depresyon durumu varsa onun şiddet düzeyini anlamaya yöneliktir. Bu ölçekte çıkacak sonuç sizde bir tanı olarak depresyonun olup olmadığını göstermez. Psikiyatrik veya psikolojik bozuklukların tanısı ancak bir uzmanın yapacağı psikiyatrik veya klinik psikolojik değerlendirmeyle konulur.

Sunduğumuz ölçek (BORDEPTA), Türk toplumunda depresyonu tarama amacıyla Dr. Cumhur Boratav tarafından geliştirilmiştir. Bu ölçeği kendinizde depresyon belirtilerinin varlığını ve düzeyini saptamak için kullanabilirsiniz.

BORDEPTA*

BORATAV DEPRESYON TARAMA ÖLÇEĞİ[1]

1) Son zamanlarda kendinizi daha üzgün hissediyor musunuz?
Evet ( ) *Hayır ( )*

2) Son zamanlarda daha önce yapmaktan zevk aldığınız şeyleri yaparken yine zevk alabiliyor musunuz?
Evet ( ) *Hayır ( )*

3) Son zamanlarda kendinizi eskisi kadar kararlı hissediyor musunuz?
Evet ( ) *Hayır ( )*

4) Son zamanlarda içinizde hiçbir şeye karşı bir istek uyanmadığını hissediyor musunuz?
Evet ( ) *Hayır ( )*

5) Son zamanlarda sabahları kalktığınızda kendinizi her zamankinden daha yorgun ve halsiz hissediyor musunuz?
Evet ( ) *Hayır ( )*

* Ölçek geliştiricisinden alınan izinle kullanılmaktadır.

6) Kendinizi her zamanki kadar enerjik ve zinde hissediyor musunuz?
Evet ( ) *Hayır ( )*

7) Son zamanlarda aklınıza intihar düşünceleri geldiği oluyor mu?
Evet ( ) *Hayır ( )*

8) Son zamanlarda dünya yıkılmış da altında kalmışsınız gibi bir duygunuz var mı?
Evet ( ) *Hayır ( )*

9) Son zamanlarda hiç nedensiz, sık sık gözlerinizin yaşardığı, ağladığınız oluyor mu?
Evet ( ) *Hayır ( )*

10) Kendinizi işinize her zamanki kadar verebiliyor musunuz?
Evet ( ) *Hayır ( )*

11) Son zamanlarda, "Hayat eskisi kadar beni çekmiyor," diye düşündüğünüz oluyor mu?
Evet ( ) *Hayır ( )*

12) Son zamanlarda eskisi kadar rahatlıkla uyuyabildiğinizi ve uykunuzu alabildiğinizi hissedebiliyor musunuz?
Evet ( ) *Hayır ( )*

13) Yeni şeylere karşı merakınızın ve ilginizin eskisi kadar açık olduğunu hissediyor musunuz?
Evet ( ) *Hayır ( )*

14) Son zamanlarda eskisine göre insanlarla konuşmak, yeni kişilerle tanışmak size daha sıkıcı ya da lüzumsuz geliyor mu?
Evet ( ) *Hayır ( )*

15) Son zamanlarda kendinizi daha yaşlı hissediyor musunuz?
Evet ( ) *Hayır ( )*

16) Zaman zaman, "Bir araba çarpsa, bir şey olsa da ölsem," biçiminde bir düşüncenin aklınıza takıldığı oluyor mu?
Evet ( ) *Hayır ( )*

Değerlendirme: *1, 4, 5, 7, 8, 9, 11, 14, 15 ve 16'ncı sorulara verilen "**Evet**" yanıtları ile 2, 3, 6, 10, 12 ve 13'üncü sorulara verilen "**Hayır**" yanıtları 1'er puan değerindedir. Toplam puana göre yapılan değerlendirmede testin özgün çalışmasında depresyon için kesim noktası 6 puan olarak bulunmuştur. Yani 6 puan ve üzeri alan kişilerde depresyon olma olasılığı vardır.*

Eğer bu testte 6 puan ve üzeri aldıysanız o zaman sıradaki daha detaylı bir depresyon değerlendirme ölçeği olan DBE-Ö30[2] ölçeğini doldurun.

DBE-Ö30 hasta tarafından doldurulan 30 maddelik bir özbildirim değerlendirme anketidir.

DBE-Ö30 (ÖZBİLDİRİM)

DEPRESİF BELİRTİ ENVANTERİ (IDS-SR)

Lütfen son 7 gün için her bir maddede sizi en iyi tanımlayan yanıtı çember içine alınız.

1. Uykuya dalmak

0. Uykuya dalmam hiçbir zaman 30 dakikadan uzun sürmez.
1. Zamanın yarısından azında uykuya dalmam en az 30 dakika sürer.
2. Zamanın yarısından çoğunda uykuya dalmam en az 30 dakika sürer.
3. Zamanın yarısından çoğunda uykuya dalmam 60 dakikadan uzun sürer.

2. Gece uykusu

0. Geceleri uyanmam.
1. Huzursuz ve hafif bir uykum vardır ve arada bir kısa süreler için uyanırım.
2. Geceleri en az bir kere uyanırım ama tekrar kolayca uykuya dalarım.
3. Zamanın yarısından çoğunda geceleri bir kereden sık uyanırım ve 20 dakika veya daha uzun bir süre uyanık kalırım.

3. Erken uyanmak

0. Çoğu zaman uyanmam gereken zamandan en fazla 30 dakika önce uyanırım.
1. Zamanın yarısında gereken zamandan 30 dakikadan daha uzun bir süre önce uyanırım.
2. Neredeyse her zaman uyanmam gereken zamandan en az bir saat önce uyanırım ama sonunda tekrar uykuya dalarım.
3. Uyanmam gereken zamandan en az bir saat önce uyanırım ve tekrar uykuya dalamam.

4. Fazla uyumak

0. Geceleri 7-8 saatten fazla uyumam ve gündüzleri de uyumam.
1. 24 saatlik bir süre içinde gündüz uykuları dahil olmak üzere 10 saatten fazla uyumam.
2. 24 saatlik bir süre içinde gündüz uykuları dahil olmak üzere 12 saatten fazla uyumam.
3. 24 saatlik bir süre içinde gündüz uykuları dahil olmak üzere 12 saatten fazla uyurum.

5. Üzgün hissetmek

0. Üzgün hissetmem.
1. Zamanın yarısından azında üzgün hissederim.
2. Zamanın yarısından çoğunda üzgün hissederim.
3. Neredeyse her zaman üzgün hissederim.

6. Çabuk sinirlenme, tahammülsüz hissetmek

0. Çabuk sinirlenme, tahammülsüzlük hissetmem.
1. Zamanın yarısından azında sinirli, tahammülsüz hissederim.
2. Zamanın yarısından çoğunda sinirli, tahammülsüz hissederim.
3. Neredeyse her zaman aşırı derecede sinirli, tahammülsüz hissederim.

7. Tedirgin veya gergin hissetmek

0. Tedirgin veya gergin hissetmem.
1. Zamanın yarısından azında tedirgin veya gergin hissederim.
2. Zamanın yarısından çoğunda tedirgin veya gergin hissederim.
3. Neredeyse her zaman aşırı derecede tedirgin veya gergin hissederim.

8. İyi veya istenilen olaylara duygudurumunuzun tepkisi

0. İyi olaylar olduğunda keyfim yerine gelir ve bu birkaç saat sürer.
1. İyi olaylar olduğunda keyfim yerine gelir ama kendimi her zamanki 'ben' gibi hissetmem.
2. Sadece bazı istenilen olaylar karşısında keyfim kısmen yerine gelir.
3. Çok iyi veya istenilen bir olay olsa bile keyfim hiçbir şekilde yerine gelmez.

9. Duygudurumun günün değişik saatlerine göre değişimi

0. Duygudurumum ve günün değişik saatleri arasında düzenli bir ilişki yok.
1. Duygudurumum çevresel nedenlerle (örneğin yalnız olmak, çalışıyor olmak) sık sık gün içinde değişir.
2. Genel olarak keyfim çevresel nedenlerden çok günün değişik saatlerine bağlıdır.
3. Duygudurumum günün belirli saatlerinde, önceden tahmin edilebilir bir şekilde daha iyi veya kötü olur.

9a. Duygu durumunuz tipik olarak sabahları mı , öğleden sonraları mı, yoksa akşamları mı daha kötü olur? (Evet veya Hayır. Birini çember içine alın.)

9b. Duygudurumunuzun değişimi çevreden mi kaynaklanır? (Evet veya Hayır. Birini çember içine alın.)

10. Duygudurumunuzun niteliği

0. Yaşadığım duygudurumu (içsel duygular) oldukça normal bir duygu durumu.
1. Üzgün bir ruh hâlindeyim ama bu üzüntü yakın olduğum birisi ölseydi veya beni terk etseydi hissedeceklerimle oldukça aynı.
2. Üzgün bir ruh hâlindeyim ama bu üzüntü yakın olduğum birisi ölseydi veya beni terk etseydi hissedeceklerimden farklı.
3. Üzgün bir ruh hâlindeyim ama bu üzüntü yas veya kayıp durumunda hissedilen üzüntüden oldukça farklı.

Lütfen sadece 11 ya da 12'yi doldurun:

11. İştah azalması

0. İştahım her zamanki gibi.
1. Her zamankinden biraz daha az sıklıkta veya daha az miktarda yemek yiyorum.
2. Her zamankinden çok daha az ve ancak kendimi zorlayarak yiyorum.
3. 24 saatlik bir süre içinde nadiren yemek yiyorum ve ancak kendimi zorlayarak veya başkaları beni ikna ettiğinde yiyorum.

12. İştah artması

0. İştahım her zamanki gibi.
1. Her zamankinden daha sık yeme ihtiyacı duyuyorum.
2. Düzenli olarak her zamankinden daha sık veya daha çok miktarda yemek yiyorum.

3. Öğünlerde ve öğün aralarında aşırı yeme zorunluluğu hissediyorum.

Lütfen sadece 13 veya 14'üncü soruyu cevaplayın:

13. Son iki hafta boyunca

0. Kilom değişmedi.
1. Sanki biraz kilo verdim.
2. Bir veya daha çok kilo verdim.
3. İki buçuk veya daha çok kilo verdim.

14. Son iki hafta boyunca

0. Kilom değişmedi.
1. Sanki biraz kilo aldım.
2. Bir veya daha çok kilo aldım.
3. İki buçuk veya daha çok kilo aldım.

15. Konsantre olma / karar verme

0. Her zamanki konsantre olma veya karar verme kapasitemde bir değişiklik yok.
1. Zaman zaman kendimi kararsız hissediyorum veya dikkatimin dağıldığını fark ediyorum.
2. Çoğu zaman dikkatimi odaklamakta veya karar vermekte zorlanıyorum.
3. Bir şey okuyacak kadar iyi konsantre olamıyorum veya önemsiz kararlar bile veremiyorum.

16. Kendime bakışım

0. Kendimi başkalarıyla aynı ölçüde değerli ve layık görüyorum.
1. Her zamankinden daha çok kendimi suçlayıcı davranışlarda bulunuyorum.
2. Çoğunlukla başkaları için sorun yarattığıma inanıyorum.

3. Neredeyse sürekli kendimdeki küçük ve büyük eksiklikleri düşünüyorum.

17. Geleceğime bakışım

0. Geleceğime iyimser bir bakışım var.
1. Zaman zaman geleceğimle ilgili kötümser oluyorum ama genellikle her şeyin daha iyi olacağına inanıyorum.
2. Yakın geleceğimin (1–2 ay) benim için iyi şeyler getirmeyeceğine oldukça eminim.
3. Geleceğimde herhangi bir zamanda benim için iyi şeyler olacağına dair umutsuzum.

18. Ölüm veya intihar düşünceleri

0. Ölüm veya intiharı düşünmüyorum.
1. Hayatın boş olduğunu düşünüyorum veya "Yaşamaya değer mi?" diye düşünüyorum.
2. İntiharı veya ölümü haftada birkaç kez, birkaç dakikalığına düşünüyorum.
3. İntiharı veya ölümü günde birkaç kez detaylı olarak düşünüyorum veya intihar etmek için bir plan yaptım veya zaten intihar girişiminde bulundum.

19. Genel ilgi

0. Başka insanlara duyduğum veya aktivitelere duyduğum ilgide bir değişme yok.
1. Başka insanlara duyduğum veya aktivitelere duyduğum ilgide bir azalma fark ediyorum.
2. Eskiden ilgi duyduğum aktivitelerin sadece bir veya ikisine hâlâ ilgi duyuyorum.
3. Eskiden ilgi duyduğum aktivitelere neredeyse hiç ilgi duymuyorum.

20. Enerji düzeyi

0. Her zamanki enerji düzeyimde bir değişiklik yok.
1. Her zamankinden daha kolay yoruluyorum.
2. Günlük işlerime başlamak veya onları bitirmek için çok çaba harcamam gerekiyor. (Örneğin alışveriş, ev ödevi, yemek yapma veya işe gitme.)
3. Günlük işlerimin çoğunu gerçek anlamda yapamıyorum çünkü gereken enerjiye sahip değilim.

21. Keyif ve zevk alma kapasitesi (Cinsellikle ilgili konular dışında)

0. Zevkli aktivitelerden her zamanki kadar keyif alıyorum.
1. Zevkli aktivitelerden her zamanki kadar keyif almıyorum.
2. Herhangi bir aktiviteden pek keyif almıyorum.
3. Herhangi bir şeyden zevk veya keyif almam mümkün değil.

22. Cinselliğe ilgi (Lütfen ilgi düzeyine göre cevap verin, eylemlere göre değil.)

0. Cinselliğe ilgim her zamanki gibi.
1. Cinselliğe ilgim her zamankine göre daha az veya cinsellikten eskiden aldığım zevki almıyorum.
2. Cinselliğe pek ilgi duymuyorum veya nadiren cinsellikten zevk alıyorum.
3. Cinselliğe karşı hiçbir şekilde ilgim yok veya cinsellikten hiçbir zevk almıyorum.

23. Kendini yavaşlatılmış hissetmek

0. Her zamanki hızımla düşünüyorum, konuşuyorum ve hareket ediyorum.
1. Düşünme hızımın azaldığını veya sesimin duygusuz veya tekdüze çıktığını hissediyorum.
2. Çoğu soruya cevap vermem birkaç saniye alıyor ve düşünme hızım yavaş.

3. Çoğu zaman sorulara cevap vermem aşırı bir çaba sarf etmeden mümkün değil.

24. Huzursuz hissetme

0. Kendimi huzursuz hissetmiyorum.
1. Çoğu zaman kıpır kıpırım, ellerimi ovuşturuyorum veya sık sık oturma pozisyonumu değiştiriyorum.
2. Kıpırdanma/hareket etme ihtiyacı duyuyorum ve oldukça huzursuzum.
3. Bazı zamanlarda oturur vaziyette kalmam mümkün değil ve dolanma ihtiyacı duyuyorum.

25. Ağrılar ve sızılar

0. Kollarımda veya bacaklarımda ağırlık hissetmiyorum ve ağrı veya sızılarım yok.
1. Bazen başım, karnım, sırtım veya eklemlerim ağrıyor ama bu ağrılar sadece bir süreliğine oluyor ve beni yapmam gerekenlerden alıkoymuyor.
2. Bu tür ağrılarım çoğu zaman oluyor.
3. Bu tür ağrılar o kadar kötü oluyor ki yaptığım işe devam edemiyorum.

26. Başka bedensel belirtiler

0. Bu semptomların hiçbiri bende yok: Kalbin hızla çarpması, net olmayan görüş, sıcak / soğuk basması, göğüs ağrısı, kulak çınlaması, titreme.
1. Bu semptomların bazıları bende var ama hafif derecede ve sadece bazen.
2. Bu semptomların bazıları bende var ve beni oldukça rahatsız ediyorlar.
3. Bu semptomların bazıları bende var ve ortaya çıktıklarında o an yaptığım her ne ise bırakmak zorunda kalıyorum.

27. Kabızlık / ishal

0. Bağırsaklarım her zamanki gibi çalışır.
1. Aralıklarla tekrar eden hafif derecede kabızlık / ishal durumum var.
2. Çoğu zaman kabızlık veya ishal durumları yaşarım ama bu günlük hayatımı idame ettirmemi engellemez.
3. İlaç kullanmamı gerektiren kabızlık veya ishal durumları yaşarım veya bu durum günlük hayatımı idame ettirmemi engeller.

28. Panik / fobi belirtileri

0. Panik nöbetlerim veya belirli korkularım -fobilerim- (örneğin hayvanlar veya yükseklik) yoktur.
1. Hafif panik nöbetlerim veya korkularım vardır ama bunlar beni davranışımı değiştirmeye zorlamaz veya hayatımı idame ettirmemi engellemez.
2. Ciddi panik nöbetlerim veya korkularım vardır ve bunlar beni davranışımı değiştirmeye zorlar ama hayatımı idame ettirmemi engellemez.
3. En az haftada bir kere panik nöbetlerim veya ciddi korkularım olur ve bunlar günlük aktivitelerimi engeller.

29. Kişiler arası ilişkilerde hassasiyet

0. Hiç başkaları tarafından kolayca reddedilmiş, önemsenmemiş, eleştirilmiş veya incitilmiş hissetmedim.
1. Zaman zaman başkaları tarafından reddedilmiş, önemsenmemiş, eleştirilmiş veya incitilmiş hissettim.
2. Zaman zaman başkaları tarafından reddedilmiş, önemsenmemiş, eleştirilmiş veya incitilmiş hissettim ama bu duygular ilişkilerimi veya işimi sadece hafif derecede etkilemiştir.
3. Birçok zaman başkaları tarafından reddedilmiş, önemsenmemiş, eleştirilmiş veya incitilmiş hissettim ve bu duygular ilişkilerimi veya işimi olumsuz etkilemiştir.

30. Kurşun gibi ağırlaşma hissi / fiziksel enerji

0. Ağırlık duygusu yaşamıyorum veya fiziksel enerjim yokmuş gibi hissetmiyorum.
1. Zaman zaman ağırlık duygusu yaşıyorum veya fiziksel enerjim yokmuş gibi hissediyorum ama bu işimi, okulumu ve aktifliğimi olumsuz etkilemiyor.
2. Zamanın yarısında ağırlık duygusu yaşıyorum. (Fiziksel enerjim yokmuş gibi hissediyorum.)
3. Çoğu zaman, günün birkaç saatinde, haftada birkaç gün ağırlık duygusu yaşıyorum. (Fiziksel enerjim yokmuş gibi hissediyorum.)

Değerlendirme: *Orijinal çalışmada kesme puanları şu şekilde belirlenmiştir: 15 ve altı normal, 16-24 arası hafif, 25-32 arası orta, 33-40 arası ağır, 41 ve üzeri çok ağır şiddetli depresyon olarak sınıflandırılmaktadır. Bu ölçekte, işaretlediğiniz şıkların rakam değerini topladığınızda 16 ve üzeri puan alıyorsanız bir ruh sağlığı profesyoneline başvurmanız yerinde olacaktır.*

Depresyonun Farklı Tür ve Görünümleri

Günümüz tanı sistemlerinde yer alan depresyonla ilişkili rahatsızlıklar, sadece depresyon nöbetleriyle seyreden tek uçlu depresyonlardan (unipolar majör depresyon) ibaret değildir. Süreklilik gösteren ve en az iki yıl hiç geçmeyen süreğen depresyon (distimi veya kronik depresyon), atipik depresyon ve bipolar duygudurum bozukluğunda görülen depresif ataklar da yine depresyon başlığı altında yer alan durumlardır ve benzer belirtilerle seyrederler.

Bazı depresif tablolarda duygudurumda sürekli mutsuzluk ve her şeye karşı bir tepkisizlik söz konusuyken, atipik depresyonda çevrede olan biten olaylara tepki olarak duygudurumda değişkenlik görülür. Duygudurumda değişkenlik, kişinin depresyonda ve genellikle mutsuz olmasına karşın yine de olumlu olaylarla kendini daha iyi, olumsuz olaylarla ise daha kötü hissetmesi anlamına gelir. Atipik denilmesinin nedeni, klasik depresyonda uykusuzluk ve iştah azalması yaşanırken, bu tür depresyonlarda belirgin iştah artışı ya da kilo alımı, aşırı uyku, bacaklarla kollarda ağırlık hissi ve/veya reddedilmeye karşı aşırı duyarlılık görülmesidir.

Atipik depresyonun tam tersine, melankolik veya endojen (içsel) depresyonun daha genetik geçişli veya bedensel kökenli olduğu varsayılır. Duygudurumun çevresel olaylardan etkilenmeksizin yoğun bir şekilde çökkün olduğu, kişinin özellikle sabahları erken saatte uyanıp kendini tarif edilemeyecek şekilde aşırı kötü hissettiği, son derece durgunlaşıp suskunlaştığı, kendini ileri derecede suçlu ve kötü gördüğü, hatta cezalandırıldığı ve bu cezayı hak ettiği biçiminde sabit bir inanç geliştirdiği en ağır depresif tablolarla karşılaşılır.

Bipolar bozukluk ise iki uçlu bozukluk anlamına gelir. İki uçlulukla kastedilen şey, bu rahatsızlıkta hem çökkünlüğün (depresyon) hem de taşkınlığın (mani) birlikte görülmesidir.

Kişinin bipolar bozukluk tanısı alabilmesi için en az bir kez taşkınlık dönemi geçirmiş olması gerekir. Taşkınlık döneminin belirtileri şöyle karakterize edilebilir: Aşırı derecede kendini iyi hissetme, kabarık duygudurum dahilindeki yükselmiş neşe hâli ve/veya aşırı derecede öfkeli olma, kişinin kendini çok önemli, güçlü, özel ve her şeyi yapmaya muktedir görmesi, üstünlük düşünceleri, uykuya olan ihtiyacın azalması yani çok az uykuyla kişinin kendini dinlenmiş ve zinde hissetmesi, kuvvet ve enerjide artış, durdurulması zor biçimde aşırı ve hızlı -basınçlı- konuşma, düşüncelerin hızlanması, dikkatin kolayca başka konulara kayarak dağılması, belli hedeflere dönük davranışlarda artış veya yerinde duramama, hoşa giden, zevk veren fakat tehlikeli davranışlarda bulunma.

Eğer bu tablo hastaneye yatmayı gerektirecek kadar ağırsa mani (taşkınlık) nöbeti, değilse hipomani (hafif taşkınlık) adını alır. Bipolar durumlarda ortaya çıkan depresyon belirtileri, depresyonun genel belirtileriyle aynıdır. Tanı sistemlerinde de gerek tek başına görülen depresyon gerekse bipolar bozukluk zemininde yaşanan depresyon aynı ölçütler kullanılarak tanılanır. Buna rağmen bipolar bozukluk zemininde ortaya çıkan depresyonlar bazı bireylerde aşırı düzeyde durgunluk, aşırı uyuma, aynı mevsimlerde ortaya çıkma gibi özellikler gösterebilir.

Süreğen (kronik) depresyona gelince: Eskiden "distimi" denirdi. Yeni sınıflamalarda "kalıcı depresyon" olarak geçiyor. Kastedilen, kişinin en az iki yıl süreyle ve arada hiç düzelmeksizin, sürekli depresif bir tablonun içinde olmasıdır. Bu kişiler kendilerini bildikleri andan itibaren, neredeyse hayatları boyunca mutsuz ve karamsar olduklarını söylerler. Bazı araştırmacılar bu durumu klinik bir psikolojik bozukluktan çok, bir tür kişilik sorunu yani karamsar veya depresif kişilik olarak görür.

Depresyonun Görülme Sıklığı

Depresyon ruhsal rahatsızlıklar içinde en sık görülenlerden biridir. Majör depresif bozukluğun yaşam boyunca görülme sıklığının kadınlarda %10-25, erkeklerde %5-12 arasında olduğu tahmin edilmektedir. Bunun anlamı her 5 kadından ve her 10 erkekten birinin yaşamının belli bir döneminde depresyon geçirdiğidir. 1998'de yapılan ve ülkemizin tümünü yansıtan Türkiye Ruh Sağlığı Profili çalışmasında bir yıl içindeki ruhsal rahatsızlık oranları araştırılmış ve depresif nöbet sıklığı %4, distimi (iki yıldan uzun süren daha hafif düzeyde kronik depresyon) %1,6, kısa ve yineleyici depresyon oranı ise %1,6 olarak bulunmuştur.[3] Bunun anlamı, bir yıl içinde toplumun yaklaşık %7,2'sinde bir depresif bozukluk görüldüğüdür. Depresyon gelişmesi açısından en fazla risk 18-44 yaş aralığındayken, en düşük risk 65 yaş ve üzerindekilerdedir.

Depresyonun ölçütlerinden birisi olarak ölüm isteği, düşüncesi veya intihar girişimleri, cinsiyete ve depresyonun şiddetine göre farklılık gösterir. Toplumumuzda yapılan klinik çalışmalarda çoğunlukla ağır depresyonların bir belirtisi olarak görülen intihar girişimlerinin oranı kadınlarda daha fazla olmakla birlikte, tamamlanmış yani ölümle sonuçlanan intihar oranı erkeklerde daha yüksektir. Bunun nedeni, intihar girişiminde bulunan erkeklerin daha ölümcül (silah ya da kendini asmak gibi) yöntemleri tercih etmeleridir. En yüksek intihar riski boşananlarda ve eşini yeni kaybetmiş olanlardayken, en düşük risk bekârlarda ve evli kişilerdedir. Yalnız başına ve kentsel bir bölgede yaşayan bireylerde intihar riski, birileriyle beraber veya kırsal bölgede yaşayanlara göre daha yüksektir. Ailesinde intihar, alkolizm ve depresyon öyküsü gözlenen bireyler ve kendisine destek olabilecek insanların bulunmadığını düşünen kişiler intihar açısından daha fazla risk altındadır.

Depresyon Nasıl Başlar?

Depresyon genellikle 20'li yaşların ikinci yarısında başlamakla beraber hemen her yaşta görülebilir. Belirtiler sıklıkla günler, haftalar içinde ortaya çıkar. Rahatsızlıktan önceki birkaç ayda ortaya çıkabilen kaygı belirtileri, panik ataklar, fobiler veya klinik bir depresyon düzeyini karşılamayan yoğunluktaki hafif depresif dönemler, rastlanan ilk belirtiler olabilir. Bazen depresyon büyük bir kaybı, ayrılığı veya ilişki sorununu izleyerek aniden de başlayabilir.

Çoğu kişi depresyona sadece bu tür üzücü olayların ve kayıpların yaşanmasının yol açtığını düşünebilir. Ancak depresyon tek bir nedene bağlı değildir. Yaşam olayları, bireyin psikolojik yapısı (kişilik yapısı) ve bunlara eşlik, bazen de öncülük eden bedensel özellikler ile beyindeki biyolojik değişiklikler depresyonun ortaya çıkmasına katkıda bulunduğu düşünülen üç temel etkendir. Depresyonun başlangıcını, sıkıntı verici olaylar, kayıplar, olumsuz düşünme biçimine bağlı düşünceler, alkol, çeşitli ilaçlar, bazı maddeler ve bazı bedensel hastalıklar tetikleyebilir. Ayrıca, özellikle kadın hastalarda evlilik içi çatışma ve sorunlar depresyonu tetikleyici bir rol oynayabilir.

Bununla birlikte depresyona kalıtımsal olarak çok yatkın bazı bireylerde açık bir tetikleyici etken bulunmaksızın da depresyon ortaya çıkabilir.

Depresyona Eşlik Eden Durumlar

Majör depresif bozukluk, panik bozukluk, agorafobi, sosyal kaygı, yaygın kaygı bozukluğu, travma sonrası stres bozukluğu ve madde kullanım bozukluğu da dahil olmak üzere diğer ruhsal bozukluklarla sık birliktelik gösterir.

Yaşlılık döneminde yaşanabilecek pek çok bedensel hastalık da depresyonla karşılıklı ilişki içindedir. Örneğin hormonal sistemdeki bazı hastalıklar (tiroit hormonu düşüklüğü veya yüksekliği, şeker hastalığı, böbrek üstü bezlerinin az ya da çok çalışması), bazı enfeksiyonlar (grip, hepatit, AIDS) veya nörolojik bazı rahatsızlıklar (multiple skleroz, Parkinson, kafa travması, beyin damarlarında tıkanma) depresyona yol açabilir. Tansiyon tedavisinde kullanılan bazı ilaçlar, steroid (kortizol) kullanımı, uyarıcı ilaçların (amfetamin) ve maddelerin (kokain) kesilmesi, sakinleştirici bazı ilaçların ve alkolün uzun süreli, yüksek dozda kullanımı da depresyonu tetikleyebilir. Fakat şunu unutmamak gerekir: Sayılan bu bedensel hastalıklar ve durumlar bireyin depresyona girmesini kolaylaştırmakla birlikte, herkeste aynı sonuca yol açmazlar.

Ek olarak, majör depresif bozukluk kişilik sorunlarıyla da sıklıkla ilişkilidir ve bazı kişilik tipleri depresyona daha yatkın olabilir.

Depresyonda Gidiş ve Sonlanım

Kişinin geçirdiği majör depresif bir dönemin süresi değişmekle birlikte, tedavi edilmeyen, kendi hâline bırakılmış bir depresyon atağının tipik olarak 6 ay veya daha uzun süreceği kabul edilir. Depresyon geçirenlerin bazılarında kimi belirtiler hafif derecede sürmeye devam ederken, çoğu kişi normal işlevsellik düzeyine geri döner.

Ancak depresyonun en önemli özelliği, iyi tedavi edilmediğinde tekrarlaması veya kronik bir duruma dönüşebilmesidir. Depresyon geçirenlerin %50-85'i yaşamlarının ilerleyen dönemlerinde başka bir depresif dönem geçirirler. Tekrarlayan depresyonu olan kişilerse ortalama 4-5 atak geçirirler.

Depresyonun yaygınlık ve sıklığına ilişkin yapılan çalışmalar depresif dönemlerin süresi uzadıkça düzelme olasılığının azaldığını göstermiştir. Bu nedenle, sürenin uzaması tedavi gerekliliğini gösteren önemli bir değişkendir.

Son yapılan doğal izlem çalışmaları (herhangi bir özel tedavi müdahalesi olmaksızın durumun takip edildiği çalışmalar) kısa dönemli takipte (2 yıl) depresyonların yaklaşık %58'inin tam düzelme gösterirken %21'inin kronikleştiğini, uzun dönemli takipte ise (6 yıl) yaklaşık %17'sinin tam düzelme gösterirken %55'inin kronikleştiğini ortaya koymaktadır.[4]

İKİNCİ BÖLÜM

DEPRESYON NEDEN OLUR?

Depresyon da, diğer psikolojik sorunlar gibi tek nedene bağlı bir rahatsızlık değildir. Depresyona veya depresyonun sürmesine çeşitli nedenler yol açabilir. İçlerinden bazıları genellikle başlatıcı gibi görünse de, aslında bütün etkenler her aşamada rol oynayabilir. Örneğin, depresyonu tetikleyen bir ilaç kullanımı, o ilacı her kullananda değil, biyolojik veya psikolojik yatkınlığı olanlarda bu etkisini gösterebilir. O yüzden, biz bu etkenleri ayrı ayrı anlatsak da hiçbirinin diğerinden bağımsız olmadığını hesaba katarak okumanızda yarar var.

Kişiyi depresyona götürebilecek başlıca yolları sıralarsak:

- *Fizyolojik-Bedensel Yol*

  Örneğin: Biyolojik ve genetik etkenler (önceki ya da yeni kuşak aile bireylerinde depresyon olması gibi), ilaçlar (bedensel hastalıklarda kullanılan bazı ilaçlar) ve bedensel hastalıklar (tiroit hormon bozuklukları gibi).

- *Çevresel Olaylar*

  Örneğin: Kişilerarası alanda ilişki sorunları. Özellikle de aile içinde veya arkadaşlık, evlilik gibi yakın ilişkilerde yaşanan sorunlar, anlaşmazlıklar ve bunların sürdüğü ortamın huzursuz bir alan hâline gelmesi.

- *Duygudurum-Duygulanım Özellikleri*
  Örneğin: Beynin kalıtıma bağlı yapısıyla ilişkili özellikler. Olumsuz duyguları, özellikle de üzüntüyü yoğun bir şekilde yaşatan, karamsarlığa yakın bir beyin yapısı.

- *Düşünce Yolu (Bilişsel Boyut)*
  Örneğin: Depresyona yatkınlığa neden olan olumsuz ve zorlayıcı kişisel inançlar. Aşırı mükemmeliyetçilik, başarı ve sonuç odaklı olmak, abartılı sorumluluk anlayışı, insan ilişkilerinde bağımlılık, başkalarından mutlak ve aşırı onay alma gereksinimi gibi.

- *Davranışlar*
  Örneğin: Çok sosyal ve hareketli birinin, ayağı kırıldığı için evde yatağa bağımlı kalması, daha önceki etkinliklerinin çoğunu yapamaması; her gün yürüyüşe çıkan biriyken bedensel olarak uzun süre hareketsiz kalması depresyonu tetikleyebilir.

Şimdi bunlara sırasıyla daha detaylı bir şekilde bakalım.

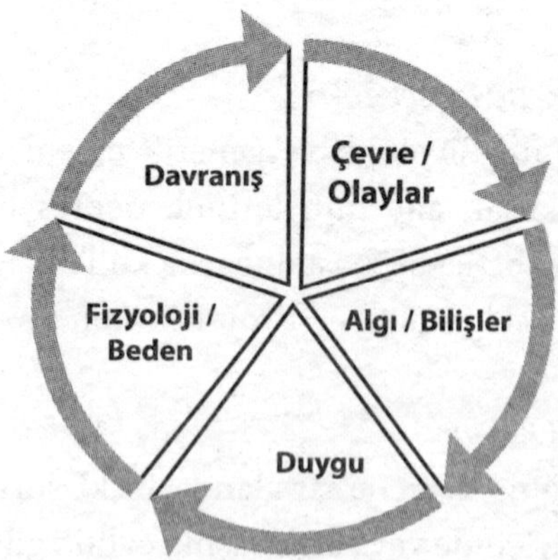

Şekil 1: Depresyonun oluşumuna ve sürmesine neden olan etkenler

1) Fizyolojik-Bedensel Yol

Bedensel yapımızın depresyonla ilişkisi iki şekilde kendini gösterir. Birinci etken, kalıtımla belirlenen beyin ve beden yapısının depresyona yatkın olmasıdır. İkinci biyolojik etken ise kişinin geçirdiği bazı bedensel hastalıkların ve kullandığı ilaçların depresyona girme riskini artırmasıdır. Kadınlarda hamilelik dönemindeki veya doğum sonrasındaki hormonal değişikliklerin olası etkisiyle de depresyon ortaya çıkabilir. Depresyonda rol oynayan en önemli hormonal etkenlerden biri de tiroit hormonu eksikliğidir. Bir başka etkense mevsime bağlı yaşanan biyolojik değişimlerdir. Alınan gün ışığı miktarı da uyku-uyanıklık döngüsünü etkileyerek, özellikle mevsimsel depresyonlarda rol oynayabilir. Güneş ışığının az olduğu İskandinav ülkelerinde, depresyon ve intihar oranlarının yüksek olmasında bu durumun bir etken olabileceği düşünülmektedir.

Genetik / Biyolojik Etkenler: Her ruhsal rahatsızlıkta yapısal biyolojik etkenler rol oynar. İnsanın beyin yapısı ve özellikleri, tıpkı diğer bedensel özellikleri gibi, anne babasınınkine benzer. Aynı şekilde, ruhsal özelliklerimizde ve yaşadığımız ruhsal rahatsızlıklarda da kalıtımın belli bir oranda payı bulunur.

Ruhsal bozukluklar arasında kalıtımın göreceli olarak en belirleyici olduğu rahatsızlık bipolar bozukluktur. Unipolar (tek uçlu) depresyonlarda kalıtımın etkisi o denli belirgin değildir. Yine de, yalın bir şekilde, sadece depresyonlarla seyreden kalıtımsal yatkınlığa dair bazı kanıtlar mevcut. Genetik yapıları birbirinin tıpatıp aynı olan tek yumurta ikizlerinden birinde depresyon görüldüğünde diğerinde de depresyon görülme olasılığı yaklaşık %50 iken, genetik yapıları benzemekle birlikte tıpatıp aynı olmayan çift yumurta ikizlerinde bu olasılık %35'tir. Bu, depresyonda genetik bir etkinin olduğunu destekleyen bir bulgu.

Tek uçlu depresyon için genetik geçişin %37 ila %66 arasında değiştiği tahmin ediliyor. Evlat edinilmiş depresif ikizlerle biyolojik anne babalarındaki depresyon oranları karşılaştırıldığında, psikolojik ve çevresel etkenlerin kalıtıma oranla daha fazla etkili olduğu görülmüştür.

Özetle, yapılan çalışmalar depresyonla biyolojik yatkınlık arasındaki ilişkiye işaret ederken, olumsuz yaşam olayları, gelişimsel öykü ve başa çıkma becerileri gibi diğer etkenlerin de depresyonda önemli bir rolü olduğunu düşündürüyor.

2) Duygudurum-Duygulanım Özellikleri

Genetik ve biyolojik yapıyla da bağlantılı ama aynı zamanda yaşam olaylarıyla ilişkili bir diğer konu duygudurum-duygulanım özelliklerimizdir. Her insan üzüntü duyar ama herkesin üzüntüyü yaşama biçimi kendine özgü ve farklıdır. Elimiz kesildiğinde hepimiz acı yaşarız ama ağrıyı yaşama şeklimiz birbirinden ayrıdır. Bir yaşantı olarak ağrıyı hem biyolojik-bedensel özelliklerimiz, ağrı eşiğimiz ve duyu sinirlerimiz hem de daha önceki ağrı yaşantılarımız ve psikolojik özelliklerimiz belirler. Benzer şekilde, bir kayıp yaşadığımızda hepimiz üzülürüz ama bu üzüntünün düzeyi biyolojik ve psikolojik özelliklerimizin dinamik etkileşimiyle belirlenir.

3) Çevresel Olaylar

Kişiyi depresyona götürebilecek üçüncü yol, yaşanan olaylar ve içinde bulunulan çevredir. Yaşanan olaylar dediğimiz şey, o kişinin başından geçen önemli olaylardır. Olumsuz yaşam olaylarının ve kayıpların, özellikle de dönüşsüz kayıpların genellikle depresyonda tetikleyici olarak rol oynadığı kabul edilir.

Kayıp kavramı hem evrensel hem de çok kişiseldir. Örneğin, yakın ve sevilen birinin ölümü, ayrılıklar, yaşlanma, sağlık yitimi gibi durumlar hemen herkes için bir kayıptır. Bazı kişiler içinse şehir değiştirmek, terfi etmek, okuldan mezun olmak, çocuk sahibi olmak bile bir kayıp anlamı taşıyabilir. Çünkü mezuniyet öğrenci olma, çocuk sahibi olmak ise çocuksuz bir insan olma durumunun kaybıdır aynı zamanda. Yani yaşamdaki her değişiklik ve seçim, içinde bir kaybı da barındırır. Bu noktada, bu türden değişiklik veya seçimlerin bir kayıp olup olmadığı kişisel değerlendirmeye bağlıdır. (Bu kişisel değerlendirme konusunu depresyona götüren dördüncü yol olan düşünceler kısmında ele alacağız.) Bu bağlamda depresyonu tetikleyebilecek başlıca yaşam olayları arasında şunları sayabiliriz:

- Ev değiştirme (taşınma)
- Şehir değişikliği
- İş kaybı
- Sevilen birinin kaybı
- Bir ilişkinin bitmesi
- Okuldan mezun olma
- Aile bireyleriyle / insanlarla çatışma
- İşten memnuniyetsizlik
- Aşırı yük alarak tükenme
- Yalnızlık
- Çocuk sahibi olma

Sıralanan bu durumların depresyonu meydana getirmede tek başına belirleyici bir rolü olduğu düşünülmemektedir. Bugün daha çok kabul gören görüş, fizyolojik olarak veya kişilik özellikleri açısından depresyon geçirmeye daha yatkın bireylerde bu tür yaşam olaylarının tetikleyici olabildiği.

4) Düşünce Yolu (Bilişsel Boyut)

Kendimizle, başkalarıyla, ilişkilerle ve hayatla ilgili inanç ve beklentilere sahibiz. Bu da ilgili alanlarda anlık düşünce ve değerlendirmelerimizin ortaya çıkmasına yol açar. Psikolojide buna "şema" adını veririz. Bu aynı zamanda depresyonla bağlantılı, hem başlatıcı hem de sürdürücü olabilecek dördüncü yoldur. Şemalar olumsuz olayları kendimizle ilgili ve bize özel saymamıza neden olurlar. Yaşamımızın her alanını kalıcı ve sürekli bir şekilde kapsayacaklarına dair değerlendirmelerde bulunmamıza yol açarlar. Örneğin, kötü geçmiş bir sınav sonrasında kişinin, "Ben başarısız biriyim," şeklinde düşünmesi gibi. Kişinin kendini, çevresini ve geleceği olumsuz değerlendirmesi gibi.

Bu tür olumsuz düşüncelere yol açan şemalarımız biyolojik yapımızın, erken yaşam olaylarının ve öğrenmelerimizin etkileşimiyle oluşurlar. Şemalara bağlı olarak ortaya çıkan kurallar ve beklentilerse depresyona yatkınlık nedenine dönüşebilirler. Örneğin, başarısız olduğu yönünde temel inancı olan biri, "Sürekli başarılı olmalıyım," şeklinde bir inanç geliştirebilir. Kişi bu inancına uygun olarak aşırı çalıştıkça ve başarılı oldukça bir sorun yaşamayabilir. Ama yaşam koşulları içerisinde, ne kadar gayret gösterse de, insanın tüm kurallarını bire bir ve sürekli yerine getirmesi olanaklı olmayabilir. İşte o zaman, bu inançlar depresyona zemin hazırlayabilir. Örneğin, aşırı sorumluluk bilincine sahip veya mükemmeliyetçi insanlar herhangi bir konuda başarısızlık yaşadıklarında büyük bir sıkıntı duyabilirler. Kişilik adını verdiğimiz yapımızı oluşturan çok sayıda inancımız var ve bunlardan bazıları depresyona yönelik kolaylaştırıcı bir etki yapabilir.

Depresyonun düşünceye dayalı modelini ortaya koyan Bilişsel Terapi, bilgi işleme modeline dayanır. Bir psikopatoloji ve psikoterapi kuramı olarak Bilişsel Terapi, psikolojik sorunlarda bilişsel işlevlerin önemini ve önceliğini vurgular. Burada bilişsel işlevle kastedilen, kişinin kendisi, çevresi, yaşantıları ve geleceğiyle ilgili yaptığı yorumlar, değerlendirmeler, anlamlandırmalar, sahip olduğu inançlar, düşünceler ve bunların ortaya çıkış biçimidir.

Bilişsel Terapiler başlığı altında, genellikle Aaron T. Beck'in adıyla birlikte anılan *Bilişsel (Cognitive) Terapi*, Albert Ellis'in geliştirdiği *Akılcı Duygusal Terapi (Rational Emotive Therapy)* ve *Bilişsel Davranışçı Terapi (BDT)* yer alır. Depresyonun bilişsel modelleri, depresyona ilişkin algı ve bilişsel değerlendirme alanı üzerinde durur. Depresyona eşlik veya öncülük eden algısal ve bilişsel özellikleri ortaya çıkarır. Depresyonu bunun üzerinden kavramlaştırır.

Bilişsel Terapi'nin kurucusu olan Dr. Aaron T. Beck'in 1960'ların sonlarında depresif hastalarla yaptığı çalışmalarda elde ettiği bulgularla geliştirdiği depresyonun bilişsel modeli, depresyondaki duygusal ve bedensel belirtilerin, farklı düzeylerdeki üç tip bilişsel yapıyla ilişkili olduğunu söyler. Bunlar sırasıyla Olumsuz Otomatik Düşünceler, Ara İnançlar (Uyum Bozucu Varsayım ve Kurallar) ve Olumsuz Temel İnançlar'dır.

a) Olumsuz Otomatik Düşünceler

Beck'in bilişsel kuramı, depresyonun kişinin kendini, çevreyi ve geleceği olumsuz görmesinden kaynaklandığını öne sürer. Örneğin, kişi kendisi için "Ben yetersizim" der. Çevreyi "Hiçbir şeyin anlamı yok" diye değerlendirir. Geleceği "Hep mutsuzluk ve kayıplar yaşayacağım" şeklinde olumsuz görür. Hastanın düşünce içeriğini ve akışını daha çok olumsuz "otomatik düşünceler" oluşturur. Bu düşünceler, yaşamın veya olan bitenlerin olumsuz bir şekilde değerlendirilmesinden kaynaklanır.

Birey, hayatı ve olayları değerlendirirken Beck'in "bilişsel çarpıtma" adını verdiği düşünce işleme özelliklerini gösterir. Bunlar "etiketleme", "geleceği okuma", "kişiselleştirme", "hep ya da hiç tarzı düşünme", "olumluları yok sayma", "felaketleştirme" ve "zihin okuma"yı içerir. Herhangi bir olay, örneğin işte yaşanan bir çatışma kişi tarafından olumsuz bir şekilde işlenir ve olumsuz otomatik düşünceler açığa çıkar. "Ben başarısızım" diye düşünerek "etiketleme" yapar mesela. Ya da olayı "Bu tam bir felaket!" şeklinde yorumlayarak "felaketleştirme" örneği verir.

Bu yaygın olumsuzluğunun sonucunda birey daha da depresif hâle gelir. Bu durum, hem sorun çözümüne dönük çabaları azaltır hem de ödüllendirici davranışlarda bulunma motivasyonunu düşürür.

b) Ara İnançlar: Uyum Bozucu Varsayım ve Kurallar

"Neden bazı kişiler depresyona daha yatkındır?" sorusuna bilişsel kuramın verdiği cevap, o kişilerin kendileriyle, hayatla, insanlarla ve ilişkilerle ilgili yerine getirilmesi zor, katı kurallarının, varsayım veya beklentilerinin olmasıdır.

Otomatik düşüncelerin altında, kişinin sık dile getirmese de inandığı ve davranışlarını düzenleyici bir potansiyele sahip ara inançlar yer alır. Ara inançları kurallar, tutumlar ve varsayımlar (sayıltılar) olarak kategorize edebiliriz. Kişinin hem kendi deneyimlerinden hem de başkalarının hayatından etkilenmesiyle oluşan ara inançlar, yaşam boyunca taraflı değerlendirmelerle tekrarlanarak kalıcı hâle gelir. "Uyum bozucu sayıltı" da denilen kural ve varsayımlara dönüşürler. Otomatik düşüncenin altında yatan kurallar "-meli / -malı" ifadelerini içerirler. "Her zaman herkes tarafından sevilmeliyim", "Yaptığım her şeyde başarılı olmalıyım" gibi. Ya da "Bir işi tam yapamıyorsan hiç yapma daha iyi" şeklinde yönlendirici ilkelere sahiptirler. Varsayımlarsa "eğer" ve "öyleyse" gibi ifadeler içerebilir. "Eğer başarısızlığa uğrarsam değersiz biri olurum", "Eğer bunu yapamazsam bir hiçim demektir", "Eğer biri beni sevmiyorsa, bu sevilmeyecek biri olduğum anlamına gelir" gibi. Bu tür varsayımlar katı, zorlayıcı, cezalandırıcı, yerine getirilmesi zor hatta neredeyse imkânsız oldukları için "uyum bozucu" (maladaptif) olarak nitelenirler.

Bilişsel kuramın depresyonu nasıl kavramlaştırdığını küçük, somut bir örnekle açıklayalım:

Veli, iyi bir üniversiteden mezundur. Gerek ilkokul, ortaokul ve lisede gerekse üniversite hayatında dikkatli, çalışkan ve başarılı bir öğrenci olmuştur. Veli'nin "Başarılı olmalıyım" biçiminde bir inancı vardır ve hep bu inanca uygun şekilde hareket ettiğinden sınavlarda duyduğu hafif düzeyde kaygı dışında bir psikolojik sorun yaşamamıştır. Bu sorun gerek zekâsı gerekse de disiplinli çalışması nedeniyle ciddi bir boyuta ulaşmamıştır. Fakat şimdi, gireceği KPSS sınavında, sınava girecek kişi sayısının fazlalığı ve kontenjanların azlığı nedeniyle, "Ya başarısız olursam?" diye endişe duymaktadır.

Bu örnekte, Veli'nin "Ya başarısız olursam?" şeklindeki endişesi, "felaketleştirme" olarak adlandırılan düşünce işleme tipine uyuyor. Bu olumsuz otomatik düşüncenin gerisinde yatan, "Ancak başarılı olursam değerli biri olurum," inancıdır. Bu, Veli açısından sorun yaratan bir inanç çünkü sınav öncesi yaşadığı kaygı, dikkatini ve çalışma verimini azaltacağı gibi ona tatsız bir dönem de yaşatacaktır. Eğer KPSS sınavında başarısız olursa, Veli değersiz biri olduğu anlamını çıkartacaktır bu durumdan. Sınavda başarılı olsa bile, bu inancına bağlı olarak, ileride performansının beklentisinin altında kaldığı her durumda depresyona yatkın biri hâline gelecektir.

Bilişsel Davranışçı terapistler, terapi sürecinde sadece otomatik düşünceleri değil, depresyona yatkınlık oluşturan bu tür uyum bozucu varsayımları da değiştirmeye çalışırlar.

c) Olumsuz Temel İnançlar

Temel inançlar ("şema") bireyin kendisi, diğer insanlar ve dünya ile ilgili mutlak inançlarıdır. Kişinin çocukluk dönemindeki yaşantıları sonucunda oluşmuş koşulsuz ve mutlak önermelerdir. Bu temel inançlar, düşüncelerin en derin düzeyini oluştururlar. Bir anlamda, ara inançların da kaynağıdırlar. Bunlar kişinin hem kendisi hakkındaki (sevilme-sevilmeme, başarı-başarısızlık, güçlülük-zayıflık vb.) hem diğer insanlarla ilgili ("İnsanlar iyidir-kötüdür, yardımseverdir-çıkarcıdır" vb.) hem de dünyaya ilişkin ("Dünya iyidir-kötüdür, tehlikelidir-güvenlidir vb.) temel inançlarını yansıtırlar. Sağlıklı bireylerde hem olumlu (örneğin, "seviliyorum") hem de olumsuz (örneğin, "sevilmiyorum") temel inançlar vardır ve özel bir durum olmadıkça olumlu inançlar aktiftir genellikle. Yaşanan olay ve içinde bulunulan duruma uygun olan inançlar etkinleşir. Oysa ruhsal bozukluk durumlarında olumsuz temel inançların baskın hâle geldiği görülür.

Beck, olumsuz temel inançları üç ana başlık altında gruplar: Çaresizlik, sevilmeme ve değersizlik.

"Çaresizlik" temel inancı daha çok güç, başarı ve performans alanını kapsar. Kişiler bu tür inançları "yetersizim", "kontrolsüzüm", "dayanıksızım", "değişemem", "muhtacım", "diğerleriyle boy ölçüşemem" vb. sözcüklerle ifade ederler.

"Sevilmeme" temel inancı daha çok duygusal alanı ilgilendirir ve bu alanda istenilmemeyi kapsar. Bu tür temel inançlara sahip bireyler kendilerini "çirkinim", "sıkıcıyım", "istenmiyorum", "reddedilirim", "terk edileceğim" vb. sözcüklerle tanımlarlar.

"Değersizlik" temel inancı ise kişinin kendini kötü ve değersiz görmesini ifade eder. Böyle bir inanca sahip bireyler kendilerini "değersizim", "kötüyüm", "kusurluyum", "tehlikeliyim" vb. sözcüklerle ifade ederler.

Beck, depresyonun oluşum sürecinde, bireyin yaşadığı bir kayıp veya başarısızlığın ardından kişinin kendisi ve başkaları hakkındaki olumsuz temel inançlarının etkinleştiğini öne sürer.

Bir önceki başlıkta yer alan örneği hatırlayalım: Veli, değersiz biri olduğuna ilişkin temel inancının etkisiyle "başarılı olmalıyım" kuralını geliştirmişti. Bu kural onu zorlamakla birlikte, öğrenim hayatı boyunca başarılı olduğundan, KPSS sınavı öncesine dek ona ciddi bir sorun yaşatmamıştı. Fakat KPSS sınavında işe girebileceği düzeyde bir puan alamazsa, Veli'nin başarısızlık temel inancı ve onunla bağlantılı değersizlik inancı etkinleşecektir. Ardından da, bu iki inancıyla ilişkili olumsuz otomatik düşünceleri ortaya çıkacaktır: "Yapamadım", "Daha çok çalışmalıydım", "Niye yapamadım?", "Yeterince çalışmadım", "Artık kimse bana değer vermeyecek" gibi.

Bilişsel terapiyle depresyonu tedavi ederken hedeflenen "iyileşme", sadece kendini iyi hissetmeyle sınırlı değildir. Aynı zamanda, olumsuz otomatik düşüncelerin, uyum bozucu varsayımların ve bunların altında yatan olumsuz temel inançların değiştirilmesiyle daha kalıcı bir düşünce ve davranış değişikliği oluşturma hedeflenir.

5) Davranış Yolu: Davranışla İlgili Etkenler

Depresyonu başlatan veya sürdüren başka bir alan da davranışlardır. "Davranış" dediğimizde, yaptığımız davranışları ve konuşmalarımızı kastediyoruz. Davranışlarımız hem kendimiz hem de çevremiz için yaşamımızın bir anlamda çıktısı gibidir. Kendi hayatımıza ve başkalarının hayatına olumlu veya olumsuz somut bir etkimiz olacaksa, bu, davranışlarımız üzerinden olur.

Davranış alanının depresyona nasıl yol açabileceğini, depresyonu nasıl sürdürebileceğini anlamak için bütün davranış ve konuşmaların kısıtlandığı, hoşunuza giden şeylerin hiçbirini yapamadığınız bir ortam düşünün. Böyle bir ortamda kişinin yaşamındaki olumlu, güzel ve ödül niteliğinde saydığı şeyler azalırken onu rahatsız edecek olumsuz durumlar da artmaya başlar. Bu da kişide önce mutsuzluğa, sonra da giderek depresyona yol açabilir. Depresif kişiler, hangi nedenlerle başlamış olursa olsun, çoğu kere kendilerini ödüllerin azaldığı, kaçınmaların arttığı bir yaşam tarzını sürdürmeye zorunlu hissederler.

Davranışçı modeller, depresyonu kişinin yaşamındaki ödüllerde meydana gelen kayıp ve azalmanın, ödüllerin yokluğunun veya ödül elde edememenin bir sonucu olarak görürler. Benzer şekilde, bireyi zorlayan olumsuz yaşam olayları veya olumsuz sonuçlar, bazen tek bir ağır olay, bazen de günlük ufak tefek zorlukların birikimi depresif nöbetleri başlatabilirler. İnsan bu olumsuz olaylarla ("cezalarla") karşılaştığında, örneğin evliliğinde ya da ilişkisinde çatışmalar yaşadığında, iş konusunda veya maddi açıdan zorluklar çektiğinde, geri çekilerek baş etmeye çalışır. Bu geri çekilmenin sonucunda "cezalar" belki azalmış olur. Fakat yaşamdan çekildikçe aslında "ödüller" ve olumlu olaylar da azalır.

Diyelim ki, bir arkadaşınızla yaşadığınız tartışma sonucunda kendinizi çok kötü hissettiniz ve üzüldünüz. Bu, size arkadaşlığın tartışma, tatsızlık ve üzüntüyle sonuçlanacağını öğretir. O zaman da, garantili bir çözüm olarak, kaçınma devreye girer. Eğer arkadaşınız olmazsa veya onlarla görüşmezseniz, tartışma ve tatsızlık da yaşamazsınız. Bu kaçınma sizi potansiyel tartışma ve tatsızlıklardan uzak tutacaktır belki. Fakat bir yandan da sizi insan ilişkilerinin ve arkadaşlığın olumlu sonuçlarından, ödüllerinden uzaklaştıracaktır.

Kaçınılan yaşamın daha az ödüllendirici hâle gelmesi, kişinin kendini ödüllendirmek bir yana, tersine cezalandırması (örneğin, kendini suçlamak üzere eleştirmesi) onu daha mutsuz kılar. Bunlara ek olarak kişinin yaşam koşulları olumsuzsa, mevcut sorunlarını çözme konusunda becerileri azalmışsa ve atılganlık eksikliği çekiyorsa, olumsuz duygudurumu, mutsuzluğu ve çökkünlüğü iyice artar. Üzerine bir de uyku ve yeme düzeniyle ilgili uygunsuz davranışlar eklenirse birey depresyona girebilir.

Modern Davranışçı Kuram'ın kurucusu sayılan B. F. Skinner, insanın ruhsal tepkilerinin, büyük ölçüde, içinde bulunduğu ortamla, yaşadığı durumlarla, bunlar karşısındaki davranışlarıyla ve davranışlarının sonuçlarıyla ilişkili olduğunu savunur. Genel davranışçı bu modeli depresyona uyarlayan ilk kuramcılardan biri klinik psikolog Peter Lewinsohn'dur. Lewinsohn'un modeline göre, depresyon çoğunlukla edilgen, otomatikleşmiş ve ödüllendirici olmayan davranışların sonucudur. Uyanık vaziyette yatakta yatmak, evde oturmak ve televizyon izlemek gibi. Bunlar bireyi ödüllendirici olabilecek fırsatlardan uzak tutar. O nedenle, Davranışçı Terapi, "Etkinlik Çizelgeleri" ve "Ödül Menüleri" gibi teknikler kullanır. Bunlar daha önceden ödüllendirici olan veya gelecekte ödüllendirici hâle gelebilecek davranışların bir listesidir. Amaçsa, ödüllendirici davranışın sıklığını ve yoğunluğunu yavaş yavaş artırmaktır. Esası, bireyin kendini iyi hissetmesinden önce iyi davranmasına dayanır: Yani bireyin kendini iyi hissetmesi, iyi davranmasına bağlıdır. Depresyona yatkınlık yaratan bir başka davranışçı etken de, önceleri ödüllendirici olan bir davranışın, depresyon başladıktan sonra artık ödüllendirici olmaktan çıkmasıdır. Bu, çevredeki talep veya standartların yükselmesine bağlı olabilir. Eş düzeyde ödül-takdir alabilmek için aynı davranışı sürekli daha fazla yapmanın gerekmesi gibi.

Diğer bir Davranışçı Kuramcı Dr. James C. Coyne ise depresyonu açıklayan "Kişiler Arası Ödül" modelini geliştirmiştir. Bu modele göre, depresif bireylerin kişiler arası ilişkideki kısır döngüsü, şikâyet etme tutumuyla başlar. Başlangıçta, kişi sorunlarından şikâyet ettiğinde çevreden olumlu tepkiler alarak rahatlar ve ilgi elde eder. Fakat şikâyet edip kendiyle meşgul olma tutumu süreklilik gösterince çevresi bu depresif bireyi reddetmeye ve ondan uzak durmaya başlar. Bu uzaklaşmanın sosyal ödül ve desteğin azalmasıyla sonuçlanması, kişinin kendine ve çevresine ilişkin olumsuz algısını daha da destekler. Şikâyet etmeyi artırarak sürdürdüğünde çevresindekiler onu eleştirmeye de başlayabilirler. Bu da, ödüller zaten azalmışken, üstüne bir de cezaların artması anlamına gelir. Kişinin yaşamı daha da olumsuzlaşır. Depresyondaki bu ilişki yapısına vurgu yapan davranışçı modeller, depresif bireyin şikâyet etme tutumunun azaltılmasına ve kişiler arası olumlu davranışlarının artırılmasına dayalıdır. Örneğin, şikâyet etmek yerine, insanları ödüllendirici olumlu tepkiler vermek gibi.

Sosyal beceri ve atılganlık eksikliği, depresyonda rol oynayan diğer davranışsal etkenlerdendir. Kişinin geri durması (edilgenlik) veya saldırganlık göstermesi yaşamını olumsuz etkiler. Uygun sosyal davranışlarda bulunmak, isteklerini veya kendini rahatsız eden şeyleri uygun bir dille ifade etmeyi öğrenmek (atılganlık becerisi) birçok depresif hastanın kişiler arası ilişkilerde daha çok ödül elde etmesini sağladığı gibi, çaresizlik duygularını da azaltır.

Depresyonda önemli olan bir başka davranışsal etken sorun çözme becerisidir. Dr. Thomas D'Zurilla sorun çözme becerileri ve davranışları eksik veya yetersiz olan bireylerin, gündelik sorunlarını çözememelerinden ve sorunlarının devam etmesinden dolayı çaresizlik duygusu yaşayacaklarını, bunun da depresyona zemin hazırlayabileceğini belirtmiştir. Bu nedenle terapide danışanın gündelik yaşamdaki sorunları sadece şikâyet edilip haklarında herhangi bir şey yapılamayacak engeller olarak görmek yerine, yaşamın doğal bir parçası olan, "çözülmesi gereken sorunlar" şeklinde tanımlaması ve sorun çözme becerileriyle bunları aşması hedeflenir. Terapist programlı olarak danışana sorun tanımlama ("Benim için burada sorun nedir?"), bilgi toplama ("Bu soruna dönük neler yapabilirim? Ne gibi kaynaklarım var? Başkaları benzer sorunları nasıl çözmüş?"), bu yöntemlerin olası sonuçlarıyla ilgili beyin fırtınası yapma ("Bu sorun kaç farklı yöntemle çözülebilir?"), olası çözümleri uygulamak için plan hazırlama, planı uygulama, sonucu değerlendirme ve gerekirse planı gözden geçirme aşamalarını öğretir.

Sosyal Bilişsel Kuram'ın geliştiricisi Albert Bandura, bir davranışın sürmesini belirleyen en önemli etkenin, kişinin o davranıştan dolayı içsel olarak kendi kendini ödüllendirmesi olduğunu öne sürmüştür. Kişiyi ödüllendirmeye en uygun kimse her zaman kendisidir.

Özetle, davranışçı yaklaşım, davranışsal dağarcıktaki eksikliklerin veya davranış düzeyindeki kaçınmaların depresyona yol açabileceğini öne sürer. Tedaviyi bu davranışsal eksikliklerin giderilmesi veya depresyonu azaltacak davranışların artırılması üzerine kurar. Bunun olumlu yaşantıları artırarak depresyonu azaltabileceğini savunur.

Antropolojik Açıklama

Evrimsel bakış açısı, insanın sahip olduğu olumlu veya olumsuz bütün duyguların belli durumlarda gerekli ve uyumsal olduğunu öne sürer. Örneğin, suçluluk duygusu bireyi bencilce davranışlardan ve misillemeden korur. Bu tür olumsuz duygular, kişinin özellikle sosyal alandaki potansiyel sorunları tanıyıp bunlardan kaçınmasına yarar. Bu bakış açısı üzüntü, keder, isteksizlik gibi duyguların da belli koşullar altında uyumsal ve işe yarar olduğunu gösterir. Fakat depresyon söz konusu olduğunda bu duygular ve buna bağlı davranışsal stratejiler durumla uyumsuz ve sorun oluşturacak bir hâl alırlar.

Depresyonla ilgili antropolojik açıklama, depresyonla ilişkili duygu ve stratejilerin insanın yapısında var olan özellikler olduğu yönündedir. Antropolojik bakış açısı, depresyonun normalde insanlık tarihinde elverişsiz koşullara ve kayıplara uyum sağlama stratejisi olup günümüzde ise uygun olmayan bağlamlarda ortaya çıkarak bir sorun hâline geldiğini öne sürer.

İnsan türünün dünya üzerinde ortaya çıktığı, beden / beyin yapısının şekillendiği ilkel ortamda ve avcı toplayıcı toplumda temel ölüm sebepleri dış tehditlerdi. Vahşi hayvan saldırıları, düşme, boğulma ve açlık gibi. Öyle bir ortamda insanın hayatta kalabilmesi için iki düzenek gerekliydi: Bunlardan ilki, dış tehdit ve tehlikeleri fark ederek onlardan korunmaktı. İkincisi ise yiyecek ve enerji kaynaklarının kısıtlı olduğu bu dünyada insanın, enerjisini boşa sarf etmeyip korumasıydı.

Bu iki düzenek, zamanımızda kılık değiştirmiş bir biçimde, depresyonda da kendini gösterir. Örneğin, depresyonda görülen bazı olumsuz tutumlar ve edilgenlik, yaşamsal kaynakların kıtlaştığı ve kaybın muhtemel olduğu koşullarda uyumsal olabilir. Depresyonun belirtilerinden olan hayal kırıklığı, keder ya da yas, kayıp ve başarısızlık durumlarında ortaya çıktığında, bireyin kayıplarını fark ederek, ileriye doğru en azından yeni kayıpları azaltmasına yardımcı olur.

Antropolojik olarak insan daha geniş topraklara yayılmak, daha iyi yiyeceklere, daha yüksek sosyal statüye ulaşmak ister. Bu onun yaşama şansını ve kalitesini artırır, türünü sürdürme açısından daha avantajlı bir duruma getirir. Fakat bunları elde etmek bir bedel ödemeyi gerektirir. Bu bedel de enerji harcama ve kaybetme riskini içerir. Bu kazançlar için yarışmak zor ve yaralayıcı olabilir. Kişi bu durumda bir yarar-zarar muhasebesi yapar. İdeali, ödenen bedeli küçültüp kazancı maksimize etmektir. Çevreden gelecek kazancı (yiyecek, cinsellik ve çoğalma, statü) artırmak için davranışsal yatırım yapmak ve bir miktar enerji harcamak gerekir. Kişi ne yaparsa yapsın kazancını artıramıyorsa, o zaman davranışsal yatırımını ve enerji tüketimini azaltması bedel-kazanç analizini dengelemenin bir diğer yolu olacaktır.

Bedeli azaltmanın ve enerjiyi korumanın ilişkileri sınırlandırma, rekabete girmeme, fazla uyuma, kış uykusuna yatma, az hareket etme gibi çeşitli yolları vardır. Kişinin çevreye yaptığı davranışsal yatırımın geri dönüşü azaldığında, yani yüksek bedel ödeyip çok az fayda sağlayabildiğinde, depresyonda görülen davranışsal geri çekilme makul bir sonuçtur.

İnsanın varlığını sürdürmek için enerjiye yani besine ihtiyacı vardır. Avcı toplayıcı dönemlerde yaşayan bir insan olduğunuzu varsayın. Ve diyelim ki kış ayları geliyor. Besin kaynaklarının azaldığı öyle bir dönemde çevrede dolaşıp yiyecek ve av hayvanı aradınız. Bu esnada da 8 birim enerji harcadınız ve buna karşılık 4 birim enerji içeren yiyecek buldunuz. Sonuç olarak 4 birim zarar ettiniz. Eğer her yiyecek arayışında, kaybettikleriniz elde ettiklerinizden fazla olursa, bu, zararın daha da artmasına yol açacaktır. Böyle bir durumda davranışsal yatırımı azaltarak en azından net kaybı küçültmek kötünün iyisidir: 8 harcayıp 4 almaktansa 2 harcayıp 1 almak, yani daha az çaba ve enerji harcamak daha iyidir. Çünkü en azından kaybı 4 birimden 1 birime indirmiş olursunuz.

Bu model, kişinin ne yaparsa yapsın kazanamayacağı, sürekli kaybedeceği ortamlarda depresyonun uyumsal bir yöntem olduğunu öne sürer. Tehditlerin, zorlanmaların sürekliliği hâlinde veya kişinin ne yaparsa yapsın hedeflerine ulaşmayı başaramadığı durumlarda davranışsal harcamaları azaltmak doğal ve koruyucu bir eğilimdir. Ama bu eğilim ortam değiştiğinde de sürüyorsa o zaman bir klinik depresyona dönüşmüş olur. Bu nedenle süreğen biçimde kapana kısıldığı ortamlarda yaşayan ve insan ilişkilerinde aşağılanmış bireylerde depresyonun gelişme riski daha fazladır.

Bilişsel Davranışçı Psikoterapist ve bilim insanı Paul Gilbert tarafından geliştirilen bu model, depresyonu sosyal, biyolojik ve psikolojik etkenlerin tamamını içeren bütünleşik bir bakış açısıyla açıklar. Gilbert, sosyal açıdan sevilmenin ve başkaları için değer taşımanın insanın evrimsel bir gereksinimi olduğunu söyler. Depresyon, bireyin içinde olduğu grupta bu gereksinimini karşılayamamasıyla ilgilidir. Depresyon, kişinin var olan kaynaklarını daha fazla tüketmemesi veya elindekilerin daha uzun süre dayanmasını sağlaması için ortaya çıkmış bir geri çekilme durumudur.[5]

Bilişsel Davranışçı Terapist Robert Leahy ise bu antropolojik verileri ekonomideki Modern Portföy Kuramı'yla birleştirerek depresif hastanın, olumlu yaşam deneyimleri ve olumlu açıklamalar karşısındaki direncine açıklama getirmiştir. Davranışsal ekonomideki Portföy Kuramı, bireyin kaynaklarını nasıl kullanacağına ilişkindir. Bu kurama göre, bireyler kaynaklarını kullanırken ve ne kadar risk alacaklarına karar verirken, farklı varsayımları ve amaçları dikkate alarak hareket ederler. Leahy'nin yararlandığı mikroekonomik modele göre, depresif birey çok az kaynağa sahip olduğuna, içinde bulunduğu ortamın kazanç içermediğine ve gelecekte giderek daha da fakirleşeceğine inanır. Dünyayı ve geleceği böyle görünce doğal olarak bu duruma karşı bir yöntem geliştirir. Depresyon ilerideki kayıpları önlemek için geliştirilmiş bir yöntemdir ve bireyin özellikle sahip çıkarak saplandığı olumsuz düşüncelerde, kendini değişime karşı direnmeyle gösterir. (Örneğin: "Hayat çok kötü ve her şey daha da kötüye gidecek!") Depresifler, kaybı en aza indirmek için, kaybı durdurma davranışına yönelirler ve yüksek beklenti içeren iyimserliği reddederek kayıptan kaçınma yöntemini kullanırlar.

Diğer Bilişsel Modeller

Depresyonu açıklayan bir diğer model ise Dr. Martin Seligman'ın öne sürdüğü "öğrenilmiş çaresizlik"tir. Bu modele göre, belli bir süre kaçınılamayacak zorlanmalara tabi tutulan canlılarda, bu zorlanmalar karşısında bir şey yapmama tutumu gelişir: "*Ne yaparsam yapayım, bir şey fark etmiyor.*"

Bu model daha sonra depresyonun gelişimine yol açan bilişsel etkenleri daha iyi tanımlayabilmek adına değiştirilmiş, çökkün-karamsar bireylerin olayları olumsuz bir şekilde açıklamayı öğrendikleri ve kalıcı, evrensel, içsel etkenlere bağladıkları öne sürülmüştür. Seligman'ın modelinin bilişsel ögelerle zenginleştirilmiş modeline göre, depresyon ve çaresizlik, kişinin kendi başarısızlıklarıyla ilgili belirli bir eğilim gösteren açıklamalarının veya atıfların bir sonucudur. Depresyon, bireyin yaşadığı olumsuzlukları kendisiyle ilgili değişebilecek niteliklerdense ("Yeterince çalışıp hazırlanmadığım için sınavda başarısız oldum") içsel-sabit niteliklere ("Zekâ ve yetenek eksikliği nedeniyle başarısız oldum") atfetme eğiliminden kaynaklanır.

Olumsuz bir durumda kendisiyle ilgili değişebilecek bir etkenin rol oynadığına inanan kişi, daha fazla çalışıp çaba gösterebilir.

Çalışarak sonucu değiştirebilme olasılığının varlığına inanan ve daha fazla çaba gösteren kişinin kendisini çaresiz, ümitsiz, eleştirel ve depresif hissetme ihtimali doğal olarak daha azdır. Umutsuzluğu ve karamsarlığı azaltan ikinci bir etken, başarısızlığı içsel eksikliklerdense ("Matematikte yeteneksizim") dışsal bir etkene ("Matematik herkes için zor bir derstir" / "Herkes matematikte zaman zaman başarısız olabilir") atfetmektir.

Bu model, psikoterapötik bir müdahale olarak, hastalara başarısızlıklarını veya olumsuz sonuçları çaba eksikliğine, verilen görevin zorluğuna veya kötü şansa, başarılarını ve olumlu sonuçları ise yeteneklerine, azimlerine ve kendileriyle ilgili diğer kalıcı niteliklere atfetmeleri konusunda yardım eden Bilişsel Davranışçı tedavi programlarıyla bütünleştirilerek kullanılabilir. Atfetme eğitiminin bir diğer yönü, hastaya yaşamdaki pek çok amacı mutlak bir zorunluluktansa pek çok olasılıktan biri olarak değerlendirmesi konusunda yardımcı olmaktır.

Depresyonda Kişiler Arası İlişkiler Kuramı

Depresyonu açıklayan ve günümüzde depresyon tedavisinde etkinliği kabul edilen bir yaklaşım da Dr. Harry Stack Sullivan'ın ruhsal sorunlara ilişkin olarak ortaya attığı, sosyal-psikodinamik model temelinde geliştirilen Kişiler Arası İlişkiler Kuramı'dır. Sullivan, kişiliğin insanın içinde bulunduğu çevre içinde geliştiğini, bu anlamda insanın diğer insanlara gereksinimi olduğunu söyler. Sağlıklı bir gelişim, diğer insanlarla yakın ilişki kurabilme yeteneğine bağlıdır. Dolayısıyla ilişkilerde bir eksiklik veya sorun olduğunda psikolojik gelişim de sekteye uğrar.

Kişiler Arası İlişkiler Psikoterapisi'ni geliştiren Klerman ve Weisman gibi kuramcılar ise depresyonun, kişiler arası çatışmaların ve ilişki sorunlarının bir sonucu olduğunu öne sürmüşlerdir. (Bireyin değer verdiği kişilerle ilişkilerinin sonlanması gibi.) Bu modele göre, çocukluk çağı ilişkilerindeki sorunlarla (ebeveyn kaybı, bakım eksikliği, bozulmuş iletişim kalıpları vb.) şu anki kişiler arası zorluklar (evlilik çatışmaları, boşanma, sosyal destek eksikliği, ilişkilerde yeterli düzeyde yakınlaşma sağlanamaması vb.) depresyona yol açabilir veya depresyonu artırabilir. Bu yüzden Kişiler Arası İlişkiler Psikoterapisi'nde terapist depresyonun kişiler arası bağlamlarını değerlendirir. Bireyin yaşadığı kayıplara ilişkin yas tutma sorunları, yaşadığı kişiler arası anlaşmazlık ve uyuşmazlıklar, rol geçişleri (bekâr biri olmaktan evli biri olmaya, eş olmaktan baba olmaya geçiş gibi), bireyin hayatında kişiler arası ilişkinin yokluğu ve yalıtılmış biçimde yaşaması gibi.

Kişiler Arası İlişkiler Terapisi, depresyonun biyolojik modeline ağırlık veren bir açıklamaya sahiptir. Kişiler Arası İlişkiler modeli depresyonu neredeyse biyolojik bir durum gibi tanımlayarak dışlaştırır, bir tıbbi "hastalık" olarak tanımlar. Bu nedenle de hastayı, "hasta rolüne", yani bir hastalığı olan kişi rolüne uyum sağlama konusunda cesaretlendirir. Terapist hastayla, hastanın depresyon durumuyla ilişkili duygularını ve kişiler arası ilişkilerini tartışacakları iki kişilik bir anlaşma ile terapi sürecine başlar. Bilişsel Davranışçı modelde olduğu gibi, kişinin rahatlıkla erişip ifade edebileceği bilinçli ve bilinç öncesine ait düşüncelere, "şimdi ve burada"ki düşüncelerine ve güncel durumuna odaklanılır. Kişiler Arası İlişkiler Terapisi kısa süreli, etkin ve göreli olarak yapılandırılmış bir terapi formatındadır. Ancak, Bilişsel Davranışçı Terapi'den farklı olarak, hastanın olumsuz düşünceleriyle çalışmaya odaklanmaz ve hastaya hafta arasında yapacağı birtakım uygulamalar (ödevler) vermez. Oysa Bilişsel Davranışçı Terapi'de uygulamalar sürecin ayrılmaz bir parçasıdır. Ayrıca, Bilişsel Davranışçı bir terapist kişiler arası ilişkiyi ele alırken sosyal beceriler, iletişim kalıpları ve karşılıklı sorun çözme üzerinde daha fazla durur. Kişiler Arası İlişkiler terapisti ise depresyonun daha kişiler arası bağlamlarını ele alır.

Kişiler Arası İlişkiler Psikoterapisi'nde şu özgül teknikler kullanılır: Dolaylı araştırma (örneğin, açık uçlu sorular), duyguların ifade edilmesinin cesaretlendirilmesi (örneğin, acı veren duygulanımın kabulü, duygulanımın kişiler arası sorunlarla ilişkisinin kurulması, bastırılmış duygulanımın açığa çıkarılması), netleştirme, iletişim analizi, davranış değişimi ve kişinin geçmişte yaşadığı önemli ilişkilerin bugünkü ilişkilerine olan yansımaları (aktarımı).

Evlilik ya da eş çatışmaları çoğunlukla depresyonun bir nedeni veya bir sonucudur. Depresyon nedeniyle tedaviye başvuran kişilerin çoğunda bu çatışma görülür. Evlilik / eş terapisi için başvuran çiftlerin %50'sinde en az bir depresif üye vardır. Çalışmalar, çatışmalı evlilikleri olan kişilerin, evliliğinde sıkıntı olmayan kişilere göre 25 kat daha fazla depresif olma potansiyeli taşıdığını göstermiştir. Depresif eşler daha fazla şikâyet ederler, başkalarını ve kendilerini ödüllendirme ihtimalleri daha düşüktür, iletişimde ve problem çözmede eksiklik gösterirler, olumsuz duygulanım gösterme ihtimalleri daha fazladır. Ayrıca, depresif bireylerin eşlerinden olumsuz cevap alma veya ilgisizlik görme ihtimalleri daha çoktur.

Depresyon ile evlilik / eş çatışmaları yüksek oranda birliktelik gösterdiği için, her iki sorunla birden gelen hasta için klinisyen hem bireysel terapiyi hem de eş terapisini bir tedavi seçeneği olarak düşünebilir. Genel yaklaşımda şu konulara odaklanılır: İlişki gerginliklerinin olduğu alanların değerlendirilmesi, çiftler arasındaki ödüllerin fark edilmesinin sağlanarak sıklığının ve sürekliliğinin artırılması, atılganlık eğitimi, ödüllere odaklanılabilen "hoşnutluk veren günlerin" planlanması, sorun çözme eğitimi, iletişim eğitimi, hem konuşan hem de dinleyen kişinin rollerine odaklanma, işlevsel olmayan düşünce ve atıfların belirlenip düzeltilmesi, öfkeli etkileşimleri azaltmak için buna neden olan sorunların konuşulmasının duygusal açıdan hazır olunacak bir zamana ertelenmesi, gerekli olduğunda cinsel terapinin de sürece eklenmesi.

ÜÇÜNCÜ BÖLÜM

DEPRESYONU NASIL AŞABİLİRİZ?

ben bütün hüzünleri denemişim kendimde
canımla besliyorum şu hüznün kuşlarını
bir bir denemişim bütün kelimeleri
yeni sözler buldum seni görmeyeli
(...)

("Hüznün Kuşları" / Cemal Süreya
Sevda Sözleri / YKY)

Depresyon çeşitli şekillerde tedavi edilebilir. En sık kullanılan tedaviler ilaç ve/veya psikoterapidir. Psikoterapi hemen her tür depresyonda faydalıdır ama bazı tip depresyonlar için tek başına yeterli değildir; ilaç tedavisine de ihtiyaç duyulur. Özellikle şiddetli depresyonlarda her iki tedavinin beraberce uygulanması, sadece psikoterapi uygulanmasına göre depresyonun daha çabuk iyileşmesini sağlar.

Gerek depresyon tedavisinde etkili olduğu bilinen psikoterapilerde (Bilişsel Davranışçı Terapi, Kişiler Arası İlişkiler Psikoterapisi) gerekse ilaç tedavilerinde hastaların yaklaşık %60-70'i ilk tedaviye cevap verir. Bu oran, ilk kullanılan tedaviye cevap vermeyen hastalarda başka yöntemlerin de kullanılmasıyla %90'lara yaklaşır.

Hafif ve orta şiddetli depresyonda yetkin kişilerce uygulanan Bilişsel Davranışçı Terapi'yle ilaç tedavisine yakın oranda başarı elde edilebilir. Ancak, tek başına terapi uygulandığında, ilk zamanlarda daha sık (haftada iki veya üç kez gibi) görüşme yapmak gerekebilir. Hem psikoterapide hem de ilaç tedavisinde elde edilen başarı oranları, bu tedavilerin aksatılmadan, düzenli ve uygun sıklıkta uygulanmasıyla yükselir.

Orta ila şiddetli düzeyde depresyonu olan bireylerde psikoterapi yapılsın veya yapılmasın, ilaç tedavisi önerilir. Bunun dışında, psikoterapiyle birlikte veya psikoterapi olmaksızın, bireye ilaç önerilen durumlar şunlardır:

- Yaşamınızı çok etkileyen, yapmanız gereken veya sizden beklenen birçok işten sizi alıkoyan orta veya şiddetli depresyon durumlarında,
- İntihar düşünceleriniz varsa,
- Yakın akrabalarınızda da depresyon görülmüşse,
- Daha önce bir depresyon dönemi geçirdiyseniz,
- Geçmişte ilaç tedavisiyle depresyonunuz düzelmişse, o zaman psikoterapiyle beraber veya tek başına ilaç tedavisi almanız uygun olacaktır.

Antidepresanlar depresyonun geçmesinde çok etkilidir. Uygun dozda ve sürede ilaç kullanan hastaların yaklaşık %60-70'i bu tedaviye cevap verir. Bu ilaçlara başlarken veya bu ilaçları bırakırken doktor önerisiyle hareket edilmesi gerekir.

Depresyon belirtilerinde düzelme genellikle 2-3 hafta içinde başlar. Bununla birlikte, ilaçtan tam olarak fayda görme süresi 8 haftaya kadar uzayabilir. İlk defa depresyon tedavisi alıyorsanız, ilaç tedavisi, düzelmeden sonra 3-6 ay kadar daha sürdürülür genellikle. Eğer birden fazla depresyon atağı geçirmişseniz daha uzun süreli ilaç tedavisi verilebilir.

İlaç alırken birtakım yan etkiler hissedebilirsiniz. Çoğu zaman, bunlar 7-10 gün içinde kaybolan hafif yan etkilerdir. Eğer herhangi bir yan etki yaşarsanız bunu tedaviyi öneren doktorunuzla konuşmanız uygun olur. Depresyon tedavisi için kullanılan antidepresan grubu ilaçlar bedensel bağımlılık yapmaz.

İlacı doktorunuzun önerdiği şekilde kullanmanız çok önemlidir. İlaç tedavisi görürken dikkat edilmesi gereken ilkeler:

- İlacınızı gün atlamadan, düzenli olarak kullanın.
- İlaç aldığınız dönemde alkol kullanmaktan kaçının.
- Doktorunuzla konuşmadan ilacınızı asla azaltmayın veya kesmeyin.

Depresyonunuzun Geçmesi İçin Siz Ne Yapabilirsiniz?

Buraya kadar okuduklarınızla depresyona nelerin neden olduğu, depresyonun terapiye veya ilaçla tedavisi konusunda genel olarak bilgilenmiş oldunuz. Kitabın bundan sonraki kısmında depresyonunuzun geçmesi için size yardımı olacak bazı psikolojik yöntemler ve bilgiler anlatılacak. Bunlardan bazılarını kendinize daha uygun ve faydalı bulabilirsiniz, bazıları ise size uzak veya yabancı gelebilir. Bunların yararlı olup olmadığına bir süre denedikten sonra karar vermeniz daha yerinde olur.

Eğer klinik düzeyde bir rahatsızlığınız varsa ve depresyon tanısı almışsanız şunu unutmayın: Böyle durumlar için burada aktarılanlar tek başına yeterli olmaz. Bu yazılanları terapiye veya verilen ilaç tedavisine ek olarak doktorunuzla birlikte kullanmanız uygun olur. Takıldığınız ve zorlandığınız konularda da psikoterapistiniz veya doktorunuzdan yardım almanız yerinde olur.

Depresyon duygusal bir rahatsızlık olmakla beraber, çevresel etkenlerle (etrafınızdaki insanlarla ve ilişkilerinizle), yaşadığınız olaylarla, düşüncelerinizle, kişilik yapınızla (genel olarak kendiniz, insanlar ve dünyayla ilgili düşünceleriniz ve tutumunuzla), davranışlarınızla (ne yaptığınızla ve nasıl konuştuğunuzla) ve biyolojik yapınızla da ilişkilidir.

Yaşamda olan bitenler (örneğin başarısızlık, ilişkilerdeki sorunlar) algı ve düşüncemizi ("Başarısızım", "Hep yalnız kalacağım") etkiler. Algı ve düşüncemiz ise duyguyu (mutsuzluk, keder), duygu da geriye dönerek tekrar algı ve düşüncemizi, bedensel yapımızı ve çalışmalarımızı (halsizlik, enerji azalması, yorgunluk) ve en nihayetinde de bedensel yapımız aracılığıyla yaptığımız davranışlarımız (çevreden uzaklaşma, az şey yapma) ve konuşmalarımız da olan bitenleri ve çevreyi etkiler. Depresyonu olan bireylerde bu beş etkenden her biri depresyonu sürdürecek şekilde çalışır.

Bu beş bileşen yani çevre ve olaylar, düşünceler, duygular, biyolojik yapı ve davranışlar, soruna şu ya da bu oranda katkıda bulunduğundan, birkaçına ya da hepsine birden müdahale edilmesi daha çabuk ve büyük bir etki doğurur. Sorunun çözümü için unutulmaması gereken önemli bir konu da, bu bileşenlerde meydana gelen değişikliklerin birbirlerini zincirleme olarak etkileyebilmesidir. Yani oluşan bir değişiklik sadece kendi alanıyla sınırlı kalmaz; aynı zamanda diğer alanlarda da değişiklikler yaratır.

Duygu, düşünce ve davranış organımız beyindir. Beyne ulaşıp değişiklikler oluşturmanın yollarından biri bedensel yoldur, yani ilaç kullanımıdır. İlaç sindirim sisteminden kana, oradan da beyne ulaşır. Beyne ulaşan ilaç duygusal ve bedensel tepkileri azaltır. Dolayısıyla, eğer ilaç kullanıyorsanız, o daha çok biyolojik yapı üzerinden bir etki gerçekleştirmektedir. Şimdi biz buna ek olarak, diğer alanlarla ilgili sizin yapabileceklerinizi ele alacağız. Böylece, depresyonla birden fazla alanda mücadele verdiğinizde daha çabuk ve daha etkili bir sonuç elde edeceksiniz.

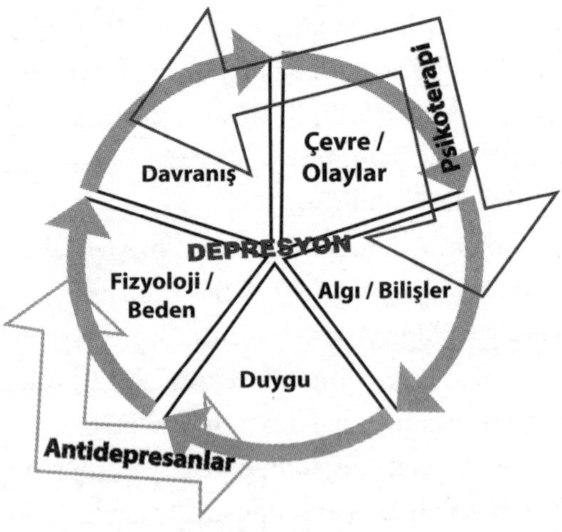

Şekil 2: Depresyonun tedavisi ve birincil hedefleri. İlaçlar beden, psikoterapi ise düşünce ve davranış üzerinden etki etmektedir.

DÖRDÜNCÜ BÖLÜM

DAVRANIŞI NEDEN VE NASIL DEĞİŞTİRMELİYİZ?

Gün doğmadan,
Deniz daha bembeyazken çıkacaksın yola.
Kürekleri tutmanın şehveti avuçlarında,
İçinde bir iş görmenin saadeti,
Gideceksin
Gideceksin ırıpların çalkantısında.
Balıklar çıkacak yoluna karşıcı;
Sevineceksin.
(...)
("Hürriyete Doğru" / Orhan Veli
Bütün Şiirleri / YKY)

Depresyonda kişinin yaşamı ve davranışları değişir. Olumsuz yaşam olayları, kayıplarla ayrılıklar (bir ilişkinin bitmesi, yakın birinin ölümü, iş kaybı) ve kişinin buna verdiği davranış tepkisi depresyonun oluşumunda ve sürmesinde önemli bir etkendir. Fakat bu, depresyonun nedeni kişinin davranışlarıdır anlamına gelmez. Hiç kimse depresif, mutsuz, çökkün olmayı seçmez ve istemez. Ama iyi niyetli bir şekilde ve aslında sorunu çözmek, sıkıntılarımızı azaltmak adına yaptığımız kimi davranışlar bazen neden, bazen de sürdürücü olarak depresyonda önemli rol oynar.

Depresyon sadece içsel, yapısal veya beyinsel bir durum değildir. Depresyon aynı zamanda kişiyle yaşamı arasındaki bir sorundur. Ruhsal tepkilerimiz, yaşamla olan ilişkimizden etkilenir. Depresyonu çevre ve o çevreye verdiğimiz tepkiler bağlamında davranışsal düzeyde ele almak, yaşama ve olaylara verdiğimiz tepkileri incelemekten geçer.

Şimdi, yaşantı ve davranışların depresyondaki rolüne ve bu alanda neler yapabileceğimize bakalım.

Yakın çevrenizden, iyi tanıdığınız, kendini mutlu ve iyi hisseden, en azından depresyonda olmayan biri var mı? Düşünün... Ve bu kişinin hayatını nasıl geçirdiğini, neler yaptığını hayal edin. Sonra aynı şekilde, bu defa kendi yaşantınızı dışarıdan gözlemlediğinizi hayal edin... O kişiyle sizin yaşamınızı çok yalın bir biçimde, sadece dış gözlemlere dayanarak kıyasladığımızda karşımıza şöyle bir tablo çıkar: Sizin, zamanınızın çoğunda yalnız olduğunuzu, az hareket ettiğinizi, az dolaştığınızı, yatarak ve oturarak çok fazla zaman geçirdiğinizi; mutlu kişinin ise nerdeyse sürekli birtakım etkinliklerle vakit geçirdiğini görürüz.

Özetle, mutlu veya depresyonu olmayan kişi yaşamdaki çeşitli etkinlikler için istek duyar. Örneğin, arkadaşlarıyla buluşmayı ister. İstek duyduğu şeyleri yapar. Yani arkadaşlarıyla buluşur. Ve devamında, hem bu etkinlikten hoşlanır hem de bu etkinliği daha sonra yine yapmaya istekli olur. Buna kabaca "mutluluk döngüsü" diyebiliriz.

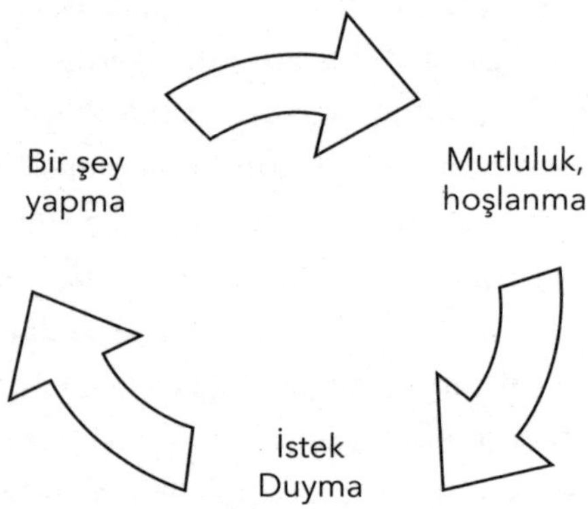

Şekil 3: Mutluluk Döngüsü

Mutlu bir insanda gördüğümüz şey: İstek duyma → Bir şey yapma→ Hoşlanma-mutlu olma → İstek duyma → Bir şey yapma...

Sizin yaşamınıza baktığımızda ise bir şey yapmak istemediğinizi, istemediğiniz için yapmadığınızı, zorunlu olarak yaptığınız şeylerden zevk almadığınızı ve giderek daha az şey yapmayı seçtiğinizi görürüz. Bunu da "mutsuzluk döngüsü" olarak adlandıralım.

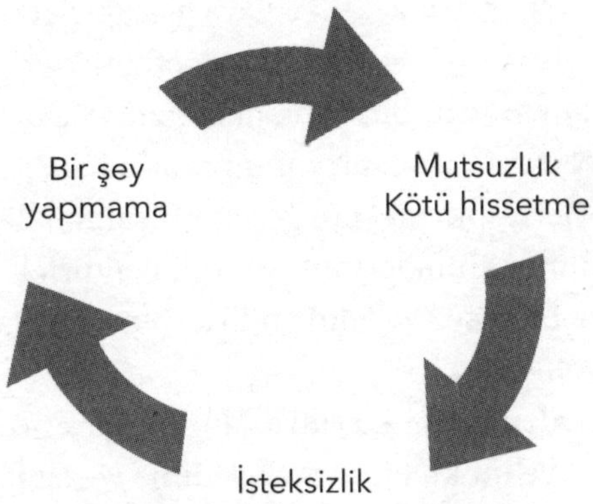

Şekil 4: Mutsuzluk Döngüsü

Mutsuz bir insanda gördüğümüz şey: İsteksizlik → Bir şey yapmama → Zevk almama-mutsuzluk → İsteksizlik → Bir şey yapmama…

Sabahtan akşama kadar karnınızı tok hissedebilmeniz için ne yapmanız gerekir?

Ara ara yemek yemeniz.

Yemek yemezseniz bunun hiç şaşırtıcı olmayan doğal sonucu açlıktır. Eğer uzun sürerse bunu halsizlik, yorgunluk ve açlığın diğer olumsuz sonuçları izler.

Nasıl ki insanın bedensel olarak kendini sağlıklı ve iyi hissedebilmesi için beslenmesi gerekiyorsa, benzer şekilde, insanın ruhen kendini sağlıklı ve iyi hissedebilmesi için de ruhsal açıdan beslenmesi gerekir. İnsan hiçbir şey yapmadan, kendi kendine gelen bir mutluluk enerjisine sahip değildir. İnsan bir şey yaparak; görerek, seyrederek, dinleyerek, yiyerek, tadarak mutlu olur.

Az önce hayal etmenizi istediğimiz mutlu kişinin bütün etkinliklerini kısıtlasak, temel gereksinimlerini karşılamak dışında hiçbir şey yaptırmasak, bir süre sonra mutsuz hâle geldiğini görürüz. Hapsin bir ceza olmasının nedeni budur. Hapisteki kişi yemeği, suyu, yatağı, barınacağı ve hava alacağı yeri olsa bile dışardaki kadar mutlu ve iyi değildir çünkü etkinlikleri kısıtlanmıştır.

Mutlu insanı mutsuz biri yapmanın yolu ona bir şey yaptırmamaktan geçiyorsa, mutsuz bir insanı mutlu hâle getirmenin yolu da ona bir şeyler yaptırmaktan geçer. En yalın hâliyle depresyon, kişinin olumlu etkinliklerinin ve ödüllendirici yaşantılarının azalmasından, olumsuz ve ödüllendirici olmayan yaşantılarınınsa artmasından oluşur.

Peki, kişi neden etkinliklerini azaltır? Yemek örneğinden gidecek olursak: Diyelim ki, bir yemek yediniz ve zehirlendiniz, kötü oldunuz. Aradan bir süre geçince kendinizi toparladınız, tekrar acıktınız, yine yediniz; bu sefer de mideniz bulandı, kustunuz ve yine kötü oldunuz. Tahmin edeceğiniz gibi, eğer bu durum böyle sürüp giderse, bir süre sonra, artık zorunlu olmadıkça yemek yememeye başlarsınız. Ve devamında da zayıflayıp halsizleşirsiniz. İşte, benzer şekilde başına art arda olumsuz olaylar gelen kişiler de çare olarak etkinliklerini azaltmaya ve sadece zorunlu şeyleri yapmaya başlarlar. Bu geri çekilme ve az şey yapma hâli ise kişinin yaşamının fakirleşmesine ve depresyona yol açar.

Depresyon, depresyonu sürdüren davranışlardan beslenir. Depresyonu sürdüren en tipik davranışlardan biri, kişinin yataktan çıkmaması ve uyanık vaziyette yatmaya devam etmesidir. Depresif kişi, kendine iyi gelen davranışları (örneğin, yürüyüş) daha az yapmaya başlar. Yaptıklarının sonucunda kötü şeyler yaşayan kişi, yaptığı şeyleri azaltmaya başladığında, ilk önce zorunlu olmayan şeyleri yapmamaya başlar. Bu da depresyonu ağırlaştıran bir diğer etken olur. Bu durumda geriye sadece zorunlu şeyleri yapmak kalır. Tıpkı ekonomik kıtlık dönemlerinde insanların zorunlu olmayan lüks harcamalarını kesmesi gibi, depresif kişi de aslında çoğunlukla ona iyi gelen ama zorunlu olmadığı etkinliklerini bırakır önce.

Depresif Durum

İyi hissettirecek davranışların azalması

↓

Olumlu yaşantıların azalması ➔ Düşünce ve duygunun kötüleşmesi

↑

Kötü hissettirecek veya olumsuz davranışların artışı

Şekil 5: Depresyonun davranışçı açıklaması

Evet, sorunun nedenini anladık, ama aslolan onu nasıl değiştireceğimiz.

Sorun, olayı sürdüren bu üçlüden (İstek-İsteksizlik / Bir şey yapma-Bir şey yapmama / Mutlu olma, hoşlanma-Mutsuzluk, kötü hissetme) doğuyorsa çözüm de yine bu üçlüden çıkacaktır. O zaman bu üçlüye yakından bakalım. Birbirini besleyen bu üçlü kasnak sisteminde dişlilerden biri kırılırsa sistem çöker.

O hâlde, bu üçlüden hangisini kırabiliriz?

Kötü hissetmek, mutsuz olmak veya isteksizlik dişlilerini mi? Deneyimlerinizden bilirsiniz ki, kendinizi iyi hissetmeniz veya istek duymanız sizin elinizde olan ve kolaylıkla gerçekleşebilecek bir şey değildir.

"Bugün mutlu ve istekli olun, yaptıklarınızdan zevk alın," desem bunu yapabilir misiniz? Bu istediklerim çok saçma ve garip gelir, değil mi?

Peki, şimdi sizden elinizdeki kitabı havaya kaldırmanızı istesem? Kaldırdınız mı? Ya da şöyle sorayım: Bunu hemen yapabilirsiniz, değil mi?

O hâlde, bu üçlüde hemen şimdi kontrol edebileceğiniz tek parça "bir şey yapma-bir şey yapmama" dişlisi, yani davranışlardır.

Bu nedenle, depresyonunuzu ve isteksizliğinizi aşmak için bugünkünden yani kaçınma ve geri çekilmeden daha farklı bir yol izlemenizi istiyoruz. Depresyonun Bilişsel Davranışçı tedavisi, davranış olarak daha etkin hâle geçmenizle başlar. Bunun altında yatan mantık, düşüncelerinizin ve duygularınızın insanlarla ilişkilerinizle ve hayatınızın kalitesiyle karşılıklı bir etkileşim içinde olmasıdır.

Depresyon döneminde çok yorgun veya isteksiz olduğunuz için size hemen hiçbir şeyi yapamayacakmışsınız gibi gelebilir. Ya da tekrar harekete geçmek ve bir şeyler yapabilmek için kendinizi iyi hissetmeyi veya istek duymayı bekliyor olabilirsiniz. Bir şey yapmamanın, etkinliklerimizi kısıtlamanın ve dinlenmenin yararlı olduğu durumlar da vardır tabii ki. Örneğin çok yorgunsak, hastaysak dinlenmek iyi gelir. Ama yapılan bilimsel çalışmalar bize şunu gösteriyor: Üzgün, mutsuz ve depresifsek dinlenmek, geri çekilmek, yatmak değil; tam tersine, etkinlikte bulunmak daha iyi geliyor.

Bu bilimsel bulguyu hem kendi yaşamımda hem de depresyonu olan pek çok hastamda gözlemleme şansım oldu: Psikiyatri kliniği yataklı servis yöneticisi olduğumda, klinikte yaklaşık altı aydır yatan ağır bir depresif erkek hasta bulunduğunu öğrendim. Bu hastaya çeşitli ilaç tedavilerinin yanı sıra şiddetli ve ilaç tedavisine dirençli depresyonda kullanılan EKT tedavisi de yapılmıştı. Bu tedavilerle rahatsızlığı biraz azalmışsa da, depresyonu hâlâ hastanede yatmayı gerektirecek düzeydeydi. Hastanın tedavisinde daha önce denenmemiş ve uzmanlık alanım olan Bilişsel Davranışçı Psikoterapi'yi uygulamaya karar verdim. Sürece başlamadan önce hem hastayı tanımak hem de tanısını kontrol etmek için standart ve yapılandırılmış bir psikiyatrik görüşme olan SCID tanı görüşmesini yaptım. Sadece hastadaki belirti ve bulguları saptamaya dönük, yaklaşık bir saat süren bu görüşmenin ertesi günü de ilk psikoterapimizi yaptık. Bilişsel Davranışçı Psikoterapi seanslarının başında rutin olarak danışanla kendini nasıl hissettiğini konuşuruz. Bu hastayla da öyle başladık. Hastaya görüşmenin başında duygudurumunu sorduğumda, ilk yaptığımız ve herhangi bir tedavi edici müdahale, bilgilendirme içermeyen standart tanı görüşmesi sonrası kendini üç dört saat iyi hissettiğini söyledi. Danışanlar kendilerini iyi veya kötü hissettiklerinde bunun nedenini anlamaya çalışırız. O görüşmeden sonra kendini neden iyi hissettiğini sorduğumda, "Görüşme öncesi, sorulan soruları anlayamayacağımı ve cevap veremeyeceğimi düşünüyordum. Ama sizinle olan görüşmemde soruları anlayıp cevap verebildiğimi gördüm, bu da bana bir sevinç hissettirdi ve sonrasında üç dört saat iyi oldum," diye cevap verdi.

Peki, bunun depresyon tedavisi açısından anlamı veya önemi nedir? Hastama kendini o kadar saat iyi hissettiren neydi?

Benimle yaptığı görüşme (bunu bir tür aktivite, davranış, yaşantı gibi düşünün) hastanın, durumuyla ilgili düşüncesini ("Hiçbir şey anlayamayacağım, sorulan sorulara cevap veremeyeceğim") ve bununla bağlantılı olarak da duygudurumunu değiştirmişti. Eğer bu hasta -bir tür etkinlik sayabileceğimiz- o görüşmeyi yapmasaydı, büyük olasılıkla, kendini iyi hissettiği o üç dört saati de yatağında uzanıp mutsuz bir şekilde geçirecekti.

Az önce de belirttiğim gibi, bu, gerçek kişisel deneyimlerimin ötesinde, bilimsel çalışmalarla da gösterilmiş bir bulgudur. O nedenle biz, kendinizi daha iyi hissetmeniz, daha olumlu düşüncelere sahip olmanız için ilk önce daha etkin hâle geçmeniz ve daha olumlu ortamların içine girmeniz gerektiğine inanıyoruz.

Bu size çok zor görünebilir şu anda. Fakat bunu yaptığınızda olumlu yaşantılar ortaya çıktıkça giderek daha kolay hâle gelecektir. Bu tedavideki ilk adım sizin de oldukça sıkı biçimde çaba gösterip çalışmanızı gerektiriyor.

Depresyonda olduğunuz için belki bu çabayı gösteremeyeceğinizi ve yaşamınızda değişiklik yapamayacağınızı düşünebilirsiniz. Fakat hem terapi hem de bu kitapta tanımlanan kendi kendine yardım yöntemleriyle bu sorunu aşmanız mümkün. İlk adımınız, şu an yapabildiklerinizden daha çok şey yapmak olmalı.

Şimdi, bunu nasıl yapacağınıza bakalım.

Kendinizi Nasıl Daha Etkin Hâle Getirebilirsiniz?

Tedavinin ilk aşaması, depresyonun yaşamla bağlantılı çevresel bileşenini dönüştürmeye yöneliktir. Çevrenizdeki ve davranışlarınızdaki değişiklikler düşüncenizi, duygularınızı ve genel olarak yaşam kalitenizi olumlu yönde etkileyecektir. Başlangıç aşamasında davranış değişikliğine odaklanmakla beraber, duygularınızı ve düşüncelerinizi ihmal edeceğimiz anlamına gelmiyor bu. Tedavinin ikinci bölümünde, yani bilişsel kısmında düşüncelerinizi de hedef alan uygulamalar aktarılacak. Ancak, ilk aşamada davranışlarda yapılacak değişikliklerle ortaya çıkacak olumlu olayların ve sonuçların tek başlarına bile duygu ve düşüncelerinizi değiştirici etkileri olacaktır. Bu bölümde sağlayacağınız gelişmeyle hoşunuza giden şeyleri yaptıkça ve başardığınızı gördükçe kendinizi daha iyi ve daha az çökkün hissedeceksiniz. Depresyona yol açan ve depresyonu sürdüren davranışlara "deprese edici davranışlar", bunların tersi olan olumlu davranışlara da "sağlıklı davranışlar" diyebiliriz. Depresyonda deprese edici davranışlar artarken sağlıklı davranışlar azalır.

Sağlıklı davranışların artırılması

↓

Olumlu yaşantılar → Düşüncelerin ve duygunun düzelmesi

↑

Depresyonu artıran davranışların azaltılması

Şekil 6: Depresyonun Davranışçı Terapisi

Hem bizi daha çökkün hâle getiren hem de sağlıklı davranışların ardında aynı düzenekler vardır. Bizim bir davranışı gerçekleştirmemizin ardında:

a) Ya bir şey elde etmek, kazanmak

b) Ya da bir şeylerden sakınmak, kaçmak yatar.

Depresyonu artıran davranışlar, rahatsız edici veya rahatsız edeceğini düşündüğünüz etkinliklerden kaçınmak, yatakta bir şey yapmadan beklemek, evden çıkmamak, uzun süre bir şey yapmadan oturmak, insanlarla görüşmemek gibi davranışlardır. Aslında kişi bu tür davranışları sıkıntısıyla baş etme yolu olarak görür. Ama bu yol maalesef sıkıntısının geçmesi değil, devam etmesiyle sonuçlanır. Bu davranışlar kısa vadede bazı şeylerden kaçınmayı sağlamakla beraber, bir süre sonra kişi yapılmayan işler yüzünden kendini daha da kötü hisseder.

Depresyonunuzun olmadığı dönemlerde aktif olmak için özel bir çaba göstermenize gerek kalmaz. Ancak, depresyondayken aktif olmak özel bir çaba gerektirir. Depresyon bir kısır döngüdür. Sizi bedensel ve ruhsal olarak yavaşlatır. Hem az şey yaparsınız hem de buna rağmen yaparken daha çok zorlanır, daha çok zaman harcarsınız. Her şey zorlaşır ve kolay yorulursunuz. Daha az şey yaptığınızdan dolayı kendinizi suçlarsınız. Hiçbir şey yapamayacağınıza ve depresyonunuzu aşamayacağınıza inanmaya başlarsınız. Ardından da kendinizi daha çökkün hissedersiniz.

Günlük basit işler dahi çok güçleşir, hatta herhangi bir şey yapmamak bile zorlaşmaya başlar ve bu böyle sürüp gider.

Sorunla Başa Çıkma: Etkinlik Çizelgesi

Kısır döngüyü kırmanın en iyi yolu daha etkin hâle gelmektir. Daha etkin hâle gelmenin birçok olumlu sonucu vardır: Bir şeyler yapmak daha iyi hissetmenize yol açar. En azından zihninizi acı verici duygulardan çekip alır. Yaşamınızın kontrolünü tekrar elinize aldığınız duygusunu verir ve değerli bir şeyler başardığınızı düşündürür. Eğer bir kez denerseniz, yapmaktan hoşlanacağınız şeyler bulabilirsiniz.

Bir şeyler yapmak depresyondaki bireyde, depresyonu olmayana göre daha farklı etki yapar. İnsan zihni boşluk kabul etmez; depresyondayken bir şey yapmadığınızda zihniniz karamsar duygularınızın da etkisiyle sürekli olumsuz şeylerle meşgul olup çökkünleşir. Oysa bir şeyler yaptığınızda, en azından belli süreler için zihniniz yaptığınız şeyle meşgul olduğunda, kendinizi daha az kötü hissedebilirsiniz. Normalde, depresyonda olmayan insanlar bir şeyler yaptığında yorulur ve oturup bir şey yapmadığında da dinlenir. Fakat depresyondaysanız bunun tam tersi doğrudur. Yani yorulmamak için bir şeyler yapmanız, bir şeylerle meşgul olmanız gerekir. Bir şey yapmamak size kendinizi daha kötü hissettirmekten ve sizi bitkinleştirmekten başka işe yaramaz. Eğer bir şey yapmamak size iyi gelseydi bugüne dek depresyonunuz da azalırdı. Hiçbir şey yapmamak kafanızın sorunlarla meşgul olmasına yol açar. Bu nedenle de, yaşadığınız zorluklar için daha fazla sıkılır, kendinizi daha çökkün hissedersiniz. Etkinlik ise sizi daha fazla şey yapmaya yüreklendirir.

Normalde istek ileri doğruyken, yani bir şey yapmadan önce istek duyarken, depresyonda motivasyon geriye doğrudur. Yani bir şey yaptıkça, yapmaktan daha fazla hoşlanır ve istemeye başlarsınız. Bu noktada, "Ben şu anda da bir şeyler yapıyorum ama bu bana kötü geliyor," diyebilirsiniz. Bunun nedeni, yaptığınız şeylerin sadece zorunlu olan, kendinizden belli bir performans beklediğiniz ve normalde de çok hoşlanmadığınız etkinliklerden oluşması olabilir.

Özellikle sonucuyla ilgili belli bir zorlanma yaşamaksızın, yani yapmış olmak için yapacağınız etkinlikler sizi zihnen ve bedenen meşgul ederek düşünme yeteneğinizi geliştirirler. Hakkında hiçbir şey yapamayacağınızı düşündüğünüz sorunların belli bir yola girmeye başladığını görürsünüz.

Bu olumluluklarına karşın, tekrar bir şeylere başlamak kolay değildir. Çünkü depresyona özgü olan karamsar, sıkıcı düşünceler yolunuzun üzerinde dikilmektedir. Örneğin, bir arkadaşınız sizi evine çağırdığında, "Gitsem ne olacak? Daha fazla sıkılacağım," dersiniz, yani yapacağınız şeyle ilgili olumsuz tahminlerde bulunursunuz. Deprese bireyler, hiçbir şey yapamayacağını, hiçbir şey başaramayacağını ve hiçbir şeyden hoşlanmayacağını düşünür. O yüzden, zamanınızı üretken bir şekilde düzenlemeniz veya normalde hoşlanacağınız şeylere girişebilmeniz güçleşebilir. Yapmayı istediğiniz bir şeye başlamaya karar verdiğinizde, "Hoşuma gitmeyecek", "Sadece, işleri daha da içinden çıkılmaz hâle getireceğim" veya "Çok güç, yapmaya çalıştığımda işler kötü giderse bir de buna üzülüp kendimi daha da kötü hissedeceğim," gibi düşünceler zihninize üşüşebilir. Bu türden düşünceler sizi harekete geçmekten alıkoyar ve depresyonu sürdüren kısır döngüde kalmanıza yol açar.

Bir sonraki bölümde, sizi istediğiniz şeyi yapmaktan alıkoyan deprese edici düşünceler üzerinde doğrudan nasıl çalışacağınızı öğreneceksiniz. Bu çalışmadaki amacımız, gerçeği tam yansıtmayan, olumsuz düşünceleri -yolunuzun üzerinde daha fazla dikilmemeleri için- fark etmeniz ve onlara karşı çıkmanız olacak.

Daha etkin hâle gelebilmeniz için ilk olarak sizden kolay bir şey isteyeceğiz: Öncelikle şu anki durumu saptamanızı. Yeniden etkin hâle geçme yolunda atacağınız ilk adım, şu anda neler yaptığınızı ve yaptıklarınızdan ne kadar hoşlanıp kendinizi ne kadar başarılı gördüğünüzü tespit etmektir. Bu keşif size ikinci aşamada zamanınızı planlamakta ve daha etkin hâle gelmekte yardım edecek. Sonraki aşama ise daha etkin hâle gelebilmek için yapabileceğiniz şeyleri saptamak olacak. Ardından, her bir gün için programlayacağımız yapılacak şeyler listesini oluşturacağız. Bunun ilk kısmında bir duygudurum günlüğü tutacaksınız ve ardından "Etkinlik Çizelgesi" olarak adlandırdığımız listede, etkinliklerden aldığınız haz ve başarı düzeyi açısından kendinizi izleyeceksiniz. İkinci adım ise ileriyi planlama listesi oluşturmak olacak.

Birinci Adım: Duygudurum Günlüğü (Durum Tespiti)

Bir şeyi değiştirmenin ilk adımı onun ne olduğunu görmektir. Depresyonunuzu anlamak için ilk yapabileceğiniz şey, öncelikle durumunuzu tespit etmek. Bu nedenle, gününüzün nasıl geçtiğini ve gün boyu ne hissettiğinizi görmek için bir günlük tutmanızda yarar var. Bu iş için size sunacağımız formu kullanabilirsiniz. Tutacağınız ilk günlüğün amacı ne yaptığınızı, zamanınızın nasıl geçtiğini ve kendinizi nasıl hissettiğinizi tespit etmeniz. Etkinliklerinizi ve o sırada kendinizi nasıl hissettiğinizi forma saat saat, size ne olduğunu hatırlatacak şekilde kısaca yazın. Örneğin: Pazartesi, saat 09:00, kahvaltı.

Tutacağınız kayıt size hâlihazırda zamanınızı nasıl geçirip neler yaptığınızı gösterecek. Oluşturacağınız listeye bakıp gün içinde kendinizi nasıl hissettiğinizi, duygudurumunuzla ortam ve yaptığınız şey arasındaki ilişkiyi inceleyin. Bu listedeki kimi şeyler yapılması zorunlu (yemek yemek, uyumak, çalışmak, temizlik vb.) kimi şeylerse zorunlu olmayan (gezmek, arkadaşınızla görüşmek, TV seyretmek, kitap okumak vb.) faaliyetleri içerecektir. Bu tür etkinliklerin oranına, gün içine nasıl dağıldığına ve size kendinizi nasıl hissettirdiğine dikkat edin. Duygudurumunuza ilişkin puanlar gün içinde nasıl seyrediyor? Ne zaman ve ne yaparken daha iyi, ne zaman ve ne yaparken daha kötüsünüz? Kötü olduğunuz durumlar, azaltılabilir durumlar mı? İyi olduğunuz durumlar, çoğaltılabilir durumlar mı?

Her günün sonunda o günkü depresyon düzeyinizi de sıfır, beş ve on puan vererek en alttaki satıra ayrıca kaydedin: 0=Hiç depresyonum yok / 5=Ne iyi ne kötüyüm / 10=Çok kötüyüm.

GÜNLÜK

Aşağıdaki çizelgeye hafta boyunca her gün, o saatte ne yaptığınızı ve kendinizi nasıl hissettiğinizi yazın.

Kendimi nasıl hissediyorum?

0 1 2 3 4 5 6 7 8 9 10

En kötü | Çok kötü | Biraz kötü | Orta | Biraz iyi | Çok iyi | En iyi-Harika

	Günlere Göre Yapılan İşler						
Saat	Pazartesi	Salı	Çarşamba	Perşembe	Cuma	Cumartesi	Pazar
06:00							
07:00							
08:00							
09:00							
10:00							
11:00							
12:00							
13:00							
14:00							
15:00							
16:00							
17:00							
18:00							
19:00							
20:00							
21:00							
22:00							
23:00							
00:00							
01-02							
03-05							
Genel Puan							

Etkinlik Çizelgesi: Etkinlik Türlerinizi, Hoşlanma Durumunuzu ve Başarınızı İzleme

Tutacağınız ikinci liste ilkine benzemekle birlikte, biraz daha detaylı. Bu liste, yaptığınız işlerden ne kadar hoşlanıp kendinizi ne kadar başarılı gördüğünüzün farkına varmanızı sağlayacak. Bu da "Hiçbir şey yapmıyorum" veya "Yaptığım hiçbir şeyden hoşlanmıyorum" gibi düşüncelerinizi test etmenize ve gerçeklerle tahminlerinizi karşılaştırmanıza yarayacak. Bu kaydın sonucunda ne çıkacağını kesinlikle bilmeniz olanaksız olmakla beraber, eğer depresyondaysanız kaydın sonuçlarını incelediğinizde kendinizi tahmin ettiğinizden daha etkin, daha başarılı bulabilir veya yaptığınız şeylerden düşündüğünüzden de fazla zevk aldığınızı görebilirsiniz.

Yalnız bu çizelgeyi belli bir sonucu bulmayı beklemeyerek, olduğunuz ve hissettiğiniz gibi doldurun. Belki içten içe, çizelgeyi doldururken olumlu veya olumsuz bir sonuç çıkacağına ilişkin yargılarınız olabilir. Bunları mümkün olduğunca bir kenara bırakın. Nasıl bir sonuç ortaya çıkarsa çıksın, bu liste şimdiki durumunuzun ne olduğunu ve zamanınızı nasıl geçirdiğinizi anlayarak bunları değiştirmek için yapacaklarınıza bir temel oluşturacak. Önemli olan, gerçek durumun bir resmini elde etmektir. Gerçek, sizin bir şeyleri değiştirmek için başlayacağınız yerdir.

Etkinlik-Hoşlanma-Başarı Çizelgesini Nasıl Tutacaksınız?

Etkinlik Çizelgesi'ne veya terapistinizin verdiği kayıt formuna yazacağınız şeyler sırasıyla şöyle:

1. **Etkinlikleriniz:** Daha öncedeki listede olduğu gibi, bu listeye de saat saat tam olarak ne yaptığınızı size hatırlatacak şekilde kısaca yazın. Örneğin: Pazartesi, saat 10:00, bulaşık.

2. **Hoşlanma ve Başarı Derecesi:** Her bir etkinliğe 0-10 arasında (H) Hoşlanma ve (B) Başarı puanları verin. "H", yaptığınız şeyden ne kadar hoşlandığınızı gösterir. H10 çok hoşlandığınız, H0 ise hiç hoşlanmadığınız anlamına gelir. Diyelim ki, bulaşık yıkamak biraz sıkıcı geldi; H4 (biraz sıkıcı) şeklinde puanlayabilirsiniz. "B" ise yaptığınız şeyde kendinizi ne kadar başarılı hissettiğinizi gösterir. B10 size göre tam ve gerçek bir başarı elde ettiğiniz, B0 hiç başarılı olmadığınız anlamına gelir. Yine her bir etkinlik için 0-10 arasında Başarı puanlaması yapın. Diyelim ki, bulaşık yıkamada kendinizi oldukça başarılı bulduysanız B7 şeklinde puanlayabilirsiniz.

İnsanın gün içinde yaptığı etkinlikleri kabaca iki gruba ayırabiliriz: zorunlu şeyler ve zorunlu olmayan şeyler.

Zorunlu olanlar genellikle iş, ders çalışmak ve ev temizliği gibi şeylerden, istediğimiz için yaptıklarımız ise müzik dinlemek, sohbet etmek gibi etkinliklerden oluşur. Zorunlu olan şeylerde genellikle kendimizi başarılı ya da başarısız hissederiz. İsteyerek yaptığımız şeylerde ise aldığımız zevk ve hoşlanıp hoşlanmadığımız ön plana çıkar.

Bazen zorunlu bir şey, aynı zamanda hoşlandığımız bir şey olabilir. Aynı şekilde, zorunlu olmadan yaptığımız şeyde de zevk almanın yanı sıra başarı duygusunu yaşayabiliriz.

Yapıp ettiklerinizi kaydederken Hoşlanma puanını hepsinde yazın, Başarı puanını ise uygun olanlarda yazın. Örneğin, müzik dinlediyseniz buna sadece Hoşlanma puanı yazmanız yeterli, Başarı puanlaması anlamsız olur. Ama evi temizlediyseniz buna hem Başarı hem de Hoşlanma puanlaması yapmanız gerekir. Az önce belirttiğimiz gibi, sadece istediğimiz için yaptığımız kimi şeylerde (örneğin, saz çalmak) uygunsa Hoşlanma puanının yanı sıra Başarı puanı da verebilirsiniz.

Her günün sonunda o günkü depresyon düzeyinizi de sıfır, beş ve on puan vererek en alttaki satıra kaydedin: 0=Hiç depresyonum yok / 5=Ne iyi ne kötüyüm / 10=Çok kötüyüm.

Etkinlik Çizelgesi

Aşağıdaki çizelgeye hafta boyunca, her gün, yaptığınız şeyleri yazın ve ne kadar hoşunuza gittiğini puanlayın. Uygun olanlar için kendinizi ne kadar başarılı bulduğunuzu da ekleyin.

H- Hoşlanma/Mutluluk-Mutsuzluk Düzeyi

H0	H1	H2	H3	H4	H5	H6	H7	H8	H9	H10
En kötü	Çok kötü		Biraz kötü		Orta	Biraz iyi		Çok iyi		En mutlu

B- Başarı Düzeyi

B0	B1	B2	B3	B4	B5	B6	B7	B8	B9	B10
En başarısız	Çok başarısız		Biraz başarısız		Orta	Biraz başarılı		Çok başarılı		Mükemmel

	Günlere Göre Yapılan İşler						
Saat	**Pazartesi**	**Salı**	**Çarşamba**	**Perşembe**	**Cuma**	**Cumartesi**	**Pazar**
06:00							
07:00							
08:00							
09:00							
10:00							
11:00							
12:00							
13:00							
14:00							
15:00							
16:00							
17:00							
18:00							
19:00							
20:00							
21:00							
22:00							
23:00							
00:00							
01:00-05:00							
Genel Puan							

Etkinlikleri Kaydederken Yaşanabilecek Sorunlar

Bazı kişiler "Ben hiçbir şey yapmıyorum, onun için de yazacak hiçbir şeyim yok," diye düşünebilirler ama insanın hiçbir şey yapmaması mümkün değildir. Televizyonu seyretmeseniz bile o televizyonun önünde oturmak da bir etkinliktir. Yatağa gitmek, yatakta tavana bakmak, pencereden dışarıyı seyretmek, yemek yemek, telefonla konuşmak, odada oturmak; hepsi birer etkinliktir. Kuşkusuz bazı etkinlikler durumunuzu anlamanız konusunda size diğerlerinden daha az yardımcı olabilir. Ama hiçbir şey yazmamak yerine bunları kayıt formu üzerinde özelleştirirseniz, durumu daha iyi saptamış olursunuz.

Başarınızı Olduğundan Daha Az Görmek: Başarı puanı "B", bir etkinliğin şu anda sizin için ne kadar zor olduğunu puanlamanız içindir; daha öncesine kıyasla veya başka biri için ne kadar zor olduğuna göre değil. Normalde çok kolay olan işler depresyondayken zorlaşır. Hissettiğiniz çöküntü içinde yataktan çıkmak veya bir tost yapmak bile büyük bir başarı olabilir. "Fakat bundan daha iyisini yapmalıyım" veya "E ne olmuş? Bunu herkes yapabilir" gibi düşünceler gerçeği çok yansıtmazlar. Bunlar sadece sizin depresyonun kısır döngüsüne takılmanıza yol açarlar. Yürüyüş yapan iki kişiyi kıyaslayalım: Birinin ayağında bir kırık, diğerinin ise ayakları sağlam olsun. Aynı mesafeyi yürüdüklerinde hangisini daha çok takdir etmek gerekir? Hangisi daha çok emek harcamıştır? Depresyon bir kırıktan çok daha zorlayıcı bir durum olduğundan, şu anda yaptığınız her şeyi daha çok takdir edin. Yaptığınız en ufak şey için bile kendinize ödül vererek "Bunlar önemsiz" veya "Zor yapabildim" gibi düşüncelerinize karşı çıkın.

Puanlamayı Çok Geç Yapmak: Hoşlanma ve Başarı puanlarınızı zamanında vermeniz önemli. Eğer puanlamayı geciktirirseniz, genel olarak mutsuz oluşunuz yaptığınız şeyle ilgili değerlendirmenizi de etkiler. Yaptığınız iyi şeyleri yok saymanıza veya değerini düşürmenize yol açabilir. İnsanlar deprese olduklarında kötü şeyleri kolaylıkla fark edip hatırlarlar. Olan iyi şeylerin üzerini ise sıklıkla örter ve hesaba katmazlar. Eğer puanlamalarınızı zamanında yaparsanız, yaptığınız şeyleri nasıl gördüğünüzle ilgili bu eğiliminiz azalır. Anında puanlandırma haz ve başarının çok küçük derecelerini bile fark ederek yazmanıza yardım eder. Geciktirirseniz bunların farkına varamazsınız, yaptığınız her şeye az puan verirsiniz.

İkinci Adım: İleriyi Planlama

Günlük etkinlik kaydınızı tamamladıktan sonra kendi başınıza veya varsa doktorunuzla-terapistinizle birlikte inceleyin. Kayıt incelendiğinde ortaya çıkan sonuçlar muhtemelen şunları gösterecektir:

1. Az şey yaptığınızı...

2. Yaptığınız bu az şeyden çoğunun zorunlu olduğunu, size iyi gelmediğini ve sıkıntı verdiğini...

3. Kendinizi nasıl hissettiğinizin ortama ve yaptığınız şeylere göre az ya da çok değişiklik gösterdiğini...

4. Zorlayarak bir şeyler yaptığınızda eskisi kadar zevk almadığınızı ve yaptığınız işlerde kendinizi daha az başarılı bulduğunuzu...

Şimdi, zamanınızı nasıl geçirdiğinizi gördükten sonraki adımınız ilerideki günlerinizin her birini tek tek planlamak. İleriyi planlamak, yaşamınızın kontrolünü elinize almaya başladığınızı hissetmenizi sağlar ve size bir amaç kazandırır. Kendinize çizdiğiniz çerçeve sizi küçük kararların batağına gömülmekten ve "Daha sonra ne yapacağım?" diye düşünmekten korur. Kendinizi kötü hissetseniz bile devam etmenize yardımcı olur. Günlük etkinlikler eğer bir kez yazılmışlarsa, gözünüze daha az zor görünürler.

Peki, ilk yapabileceğiniz yani günlük rutininize ekleyeceğiniz şey ne olabilir?

Buna karar vermenizi kolaylaştırmak adına size depresyon tedavisiyle ilgili bazı bilimsel bulgulardan bahsetmek istiyorum.

İlki, Kanada'da yapılmış bir çalışma. Bu çalışmada araştırmacılar sizler gibi depresyonu olan 30 kişiyi alıp onarlı üç gruba bölüyorlar. (Bu arada, çalışmaya katılan depresif hastaların yaş ortalamaları 72,5. Evet, yanlış duymadınız; yetmiş iki buçuk!) Hastaların depresyon düzeyleri bir depresyon ölçeği ile tespit ediliyor. 1. Grup, egzersiz ve yürüyüş grubu olarak ayrılıyor. İlk hafta yürüyüş süresi 20 dakika olarak belirleniyor. Daha sonra bu süre 40 dakikaya çıkıyor. Haftada üç kez yürüyorlar ve bunu altı hafta boyunca sürdürüyorlar. 2. Grup, sosyal destek grubu. İki psikolojisi öğrencisi, yine haftada üç kez olmak üzere, bu gruptaki hastalarla sohbet ediyor. Sohbet süreleri, ilk grubun yürüyüş süreleriyle aynı tutuluyor. 3. Grup ise "bekleme listesi", yani kontrol grubu. Bu gruba herhangi bir aktif tedavi verilmeksizin beklemeleri ve 6 hafta sonra tedavi uygulanacağı söyleniyor.

6'ncı haftanın sonunda bu üç gruptan birinin depresyon skoru diğer iki gruba göre anlamlı düzeyde düşüyor. Yani o gruptakiler kendilerini daha iyi hissediyorlar. Sizce bu grup hangisidir? Çoğunuzun tahmin edeceğini zannediyorum: Evet, yürüyüş grubunda depresyon belirtilerinde anlamlı düzeyde azalma oluyor. Üstelik depresyonun hem bedensel (uyku, iştah, güç kuvvet, enerji vb.) hem de psikolojik belirtileri (hüzün, üzüntü, umutsuzluk vb.) azalıyor. Sohbet grubunda psikolojik depresyon belirtileri bir miktar azalmakla beraber, depresyonun bedensel belirtilerinde ve genel düzeyinde anlamlı bir değişiklik olmuyor. Çalışmanın bir diğer sonucu ise yürüyüş grubunda akciğer aerobik kapasitesinin %20 dolayında artmış olması.

Bahsedeceğim ikinci çalışma ise 156 depresif hastayla 16 hafta süreyle yürütülmüş. Hastalar üç gruba ayrılmış. Gruplardan biri yine egzersiz ve yürüyüş grubu olarak ayrılmış. Öbür iki gruptan birine sadece antidepresan ilaç (sertraline) tedavisi uygulanırken, diğerinde ilaç tedavisinin yanında egzersiz de verilmiş. Egzersiz, haftada 3 kez 30 dakikalık yürüyüş olarak saptanmış.

Çalışmada, ilaç grubunda düzelmenin daha erken başladığı fakat 16'ncı haftanın sonunda düzelme oranları açısından üç grup arasında anlamlı bir fark bulunmadığı görülmüş. Tam düzelme oranları egzersiz grubunda %60,4, ilaç verilen grupta %68,8, hem egzersiz hem de ilaç verilen grupta ise %65,5 olarak saptanmış. Bu çalışmanın ilginç yanı, hastalara 10 ay sonra tekrar bakıldığında egzersiz grubundaki depresyon oranının diğer iki gruptakinden anlamlı şekilde daha az çıkmış olması.

Egzersizin depresyona etkisini inceleyen pek çok çalışma var. Tıpta en güçlü kanıt düzeylerinden biri, benzer şekilde yapılmış çalışmaları bir araya getirerek topluca tekrar analiz (meta-analiz) yapmaktır.

Egzersizle depresyon tedavisinde kullanılan başka tedavi yöntemlerini veya plaseboyu (ilaç olmayan ilaç) karşılaştıran yani kontrol grubu olan, benzer bir desene sahip 14 çalışmayı bir araya getirerek toplu bir analizde bulunan sonuç, egzersizin her yaştan kadın veya erkek hastada bekleme listesine (hastaların hiçbir tedavi almadan aynı süre beklemesi) göre daha etkili; hatta ilaç tedavileri kadar etkili olduğu biçimindedir. Bir başka toplu analizde ise, 12 hafta süresince haftada 2-4 kez egzersiz yapılmasını içeren 11 çalışma birlikte analiz edildiğinde, egzersizin plaseboya oranla depresyonda çok daha yüksek düzeyde etkili olduğu saptanmıştır.[6] Toplumsal düzeyde yapılan araştırmalarsa düzenli bedensel aktivitesi olan kişilerin depresyona yakalanma olasılığının düşük olduğunu göstermiştir.[7]

Nasıl Egzersiz Yapalım?

Çalışmalarda egzersizin haftada 3 ila 5 gün yapılması arasında fark bulanamamış ancak orta ya da yüksek eforlu olması gerektiği saptanmıştır.

Depresyon tedavisinde önerilen yöntem, haftada 3 gün yürüyüş, yüzme gibi aerobik bir egzersiz yapmaktır. Tabii kişinin egzersiz yapmasına engel bir rahatsızlığının olmaması gerekir. Egzersizler ilk 5 dakika hafif tempolu, ardından 30 dakika tempolu ve sonra yine 5 dakika hafif tempolu olacak şekilde planlanabilir.

Bu egzersizlerde ideal kalp atım hızı, kişinin maksimum kalp hızının %60-80'i seviyesinde olmalı. Maksimum kalp hızı kabaca "220-Yaş" biçiminde hesaplanabilir.[8] Örneğin kırk yaşındaki birinin maksimum kalp hızı 220-40=180'dir. O zaman bu kişi kalp atım hızı 108-144 arasında olacak bir tempoda yürürse, istenildiği gibi, orta veya güçlü düzeyde bir egzersiz yapmış olur. Burada dikkat edilecek nokta, egzersize ilk haftalarda 20 dakika süreyle ve daha hafif tempoda başlayıp ideal hıza ve süreye yavaş yavaş ulaşmaktır.

Etkinliklerimi Nasıl Artırabilirim?

Etkinlik planlaması yaparken ilk önce sizden üç tane liste oluşturmanızı istiyoruz. Bu üç listeyi, tamamladıktan sonra, etkinlik planlaması yaparken kullanacaksınız.

Etkinlik Listesi

1. İyiyken daha çok yaptığım ama şu anda azalttığım ve eskiden sevip çok yaptığım ama artık bıraktığım şeyler:

....

....

....

....

....

....

....

....

....

....

....

2. Şu anda yapmak zorunda olduğum şeyler:

....

....

....

....

....

....

....

....

....

....

....

....

3. Bugüne dek yapmayı isteyip de yapamadığım veya bugünkü zorunluluklarım olmasa, her türlü imkâna sahip olsam yapmayı isteyeceğim şeyler:

....

....

....

....

....

....

....

....

....

....

....

Etkinlikleri Planlama

Her akşamüzeri, ertesi gün neler yapabileceğinizi bu üç listeden seçip işaretleyin. Etkinliklerinizin her üç listeden de maddeler içermesine dikkat edin. Ve her sabah ilk iş olarak, seçtiğiniz bu etkinlikleri günün içine yayarak planlayın. O gün yapacağınız şeylere bakıp bunlar için bir sıra belirleyin. Bu planlamayı yapmanızı kesintiye uğratacak veya dikkatinizi dağıtacak şeylerden kaçının. Örneğin, televizyonu kapatın, cep telefonunuzu yanınızdan kaldırın. Gününüzü planlarken hoşlanmaya ve performansa-başarıya dönük etkinlikler arasında bir denge kurmaya çalışın. Eğer programınızın çoğunu zorunlu görevlerle, zevksiz işlerle doldurup zevk aldığınız (ya da eskiden zevk aldığınız) şeylere, örneğin eğlenip gevşemeye hiç zaman bırakmazsanız günün sonunda kendinizi yorulmuş, isteksiz ve daha çökkün hissedebilirsiniz. Geçmişte en fazla hoşunuza giden etkinlikleri hatırlayarak tekrar yapmaya çalışmak bu konuda yararlı olabilir. Diğer yandan, yapmanız gereken şeyleri tümüyle ihmal ederseniz, aldığınız haz veya zevk hiçbir şeyin başarılamadığı duygusuyla bozulabilir. Bu, aynı zamanda, sizi bekleyen zorunlu ve sıkıcı şeylerin listesini de uzatabilir.

Daha önce doldurduğunuz Etkinlik Çizelgesi'nden gün içinde kendinizi görece en iyi hissettiğiniz ve zihninizin en açık olduğu zamanı tespit edin. Daha zor işleri bu zaman dilimine koyun. Planlama sonrasında, yapacağınız şeyleri anımsamakta güçlük çekerseniz size bunları hatırlatacak bir şeyler bulun. Örneğin cep telefonunuzun alarmını veya bilgisayarınızın ekran koruyucusunu bu iş için kullanabilirsiniz. Ev hanımıysanız o gün yapacaklarınızı buzdolabına, mutfak dolabına veya davlumbaza yapıştırabileceğiniz bir not kâğıdına yazabilirsiniz. Ya da birlikte yaşadığınız kişilerden size hatırlatmada bulunmalarını isteyebilirsiniz.

Güne başarı ve hoşnutluk duygusu verecek bir etkinlikle başlamak kişiyi teşvik eder. Örneğin, yataktan kalkıp sabah temizliğini yaptıktan sonra güne hafif tempolu 5-10 dakikalık bir yürüyüşle başlamak ve ardından kahvaltı yapmak. Özellikle güne başlarken zorlanıyorsanız, bu tür teşvikler işinize yarayabilir.

Gün içinde performansa dönük veya zorunlu olarak yapmanız gereken bir işin hemen arkasına sizi hoşnut edecek veya rahatlatacak bir etkinlik yerleştirmek de teşvik edici olacaktır. Örneğin, bir saat süren ev işinin sonrasında kendinize zaman ayırarak bir çay içmek, sevdiğiniz bir televizyon programını izlemek gibi. İstek veya merak duyduğunuz herhangi bir şey olabilir bu.

Fakat yataktan özellikle kaçının; yatak, içinde yatmak içindir, gün içinde saklanılacak bir yer değildir. Yatak sizi kısa dönemli olarak belki rahatlatıyor gibi görünür ama uzun vadede hem sıkıntıya sokar hem de depresyonunuzun sürmesine yol açar. Eğer dinlenmeye veya gevşemeye ihtiyacınız olursa, bunu yatmak yerine başka yollarla başarmaya çalışın.

Yaptığınız planları uygulamaya geçirin. Zamanınızın nasıl geçtiğini, kendinizi izleme aşamasında yaptığınız gibi, bir kayıt formu oluşturup kaydedin. Her bir etkinliği Hoşlanma durumunuza göre, uygun olanlar için de Başarı açısından 0-10 arasında puanlayın.

Her günün sonunda, neler yaptığınızı gözden geçirin. Yaptığınız şeylerden ne derece hoşlandığınızı, kendinizi ne düzeyde başarılı bulduğunuzu ve planladığınız etkinliklerin ne kadarını yapabildiğinizi inceleyin. Zamanınızı nasıl geçirdiğinizi ve ne kadar yol aldığınızı, günün ilerleyen saatleri için nasıl değişiklikler yapabileceğinizi görmenize yardım edecektir bu.

Eğer plana genel olarak uymayı başarırsanız ve nelerden hoşlandığınızı bulursanız, bu size sonraki günlerinizi planlarken nasıl hareket etmeniz gerektiği konusunda fikir verecektir. Diğer yandan, eğer planınıza uyamazsanız veya yaptıklarınızdan çok az bir doyum sağlarsanız, bu da size neden yapamadığınız veya az zevk aldığınız konusunda fikir verecektir.

Böyle durumlarda şu sorular fikir edinmeniz açısından size ışık tutabilir:

- *Bu konuda önünüzdeki engeller neler?*
- *Sorun tam olarak nedir?*
- *Planladığınız zaman içinde yapabileceğinizden daha fazla şeyler yapabileceğinizi mi zannettiniz?*
- *Planladığınız her şeyi yapmak sizi fazla mı yordu?*
- *Depresyonda olduğunuzu unutarak çok fazla şey yapmayı mı amaçladınız?*
- *Bütün gün zorunlu işleri yaparak size zevk verecek rahatlatıcı şeyleri geriye mi ittiniz?*
- *Çabalarınız kötümser düşünceleriniz tarafından engellendi mi?*

Bir aksama yaşadığınızda bunun aynı zamanda bir öğrenme fırsatı olduğunu unutmayın. Eğer neyin yanlış gittiğini bulursanız, bu tecrübenizden çok önemli şeyler öğrenebilirsiniz.

Etkinliklerinizi kitap üzerinde planlayabilmeniz için bu aşamada size boş, "temiz" bir sayfa bırakıyorum.

Etkinlik Planım

....

....

....

....

....

....

....

....

....

....

....

....

....

....

....

....

....

....

....

....

....

Etkinlikleri Gerçekleştirmenin Adımları

Depresyon, bireylerin gerçekleştirmeleri gereken gündelik işleri veya çözmeleri gereken sorunları sıklıkla ertelemelerine yol açar. Ertelenenler en sonunda kişinin gücünü tamamıyla aşar.

Başlangıçta, bütün günü planlamaya çalışmak sizin için çok fazla olabilir. Eğer böyleyse, günü küçük parçalara bölerek ayrı ayrı planlayabilirsiniz. Günü, bir şekilde doldurmanız gereken uzun ve biçimsiz zaman zincirine dönüştürmek yerine, bir dizi başarılabilir parçalara bölmeniz sizi daha motive hâle getirecektir.

Planlamanın önemini görmek için aşağıdaki resme bakıp küçük bir alıştırma yapalım. Varsayalım ki, resimdeki kişi sizsiniz. Bomboş bir arazidesiniz ve önünüzde yüksek bir beton blok var. Sizden istenilen şeyse o beton bloğun tepesine çıkmanız. Bu hedefe ulaşmanız ya zorunlu ya da sizin istediğiniz bir şey. Bu görevi aldıktan sonra etrafa baktığınızda kullanabileceğiniz hiçbir şey göremiyorsunuz. Beton bloğun üzerinde tutunabilecek hiçbir yer yok, kapısı penceresi yok; *çıkmayı denediğinizde* birkaç adım sonra kayıp düşüyorsunuz. Fakat o gökdelen gibi bloğun tepesine de kesinlikle *çıkmanız gerekiyor*. Ve *bütün çabanıza rağmen* hiçbir ilerleme sağlayamıyorsunuz. Böyle bir durumda ne hissedersiniz?

Şekil 7: Hedef ve biz

Böyle bir senaryoda en doğal son, bir süre sonra umutsuzluk ve çaresizlik duygularının yaşanmasıdır.

Şimdi de bir sonraki resme bakın: Önünüzde tepeye dek uzanan bir merdiven var. Bu durumda ne hissedersiniz?

Artık ne yapacağınız belli olduğu için doğal olarak çaresizlik veya umutsuzluk yaşamazsınız.

Eğer depresyonda değilsek, küçük işlerdeki adımları görmemize gerek kalmaz, sadece büyük işler için planlama yapmamız yeterlidir. Ama aslında hayattaki küçük ya da büyük her hedefe belli adımlar sonucunda ulaşılır, hiçbir yere ışınlanarak veya uçarak varmayız.

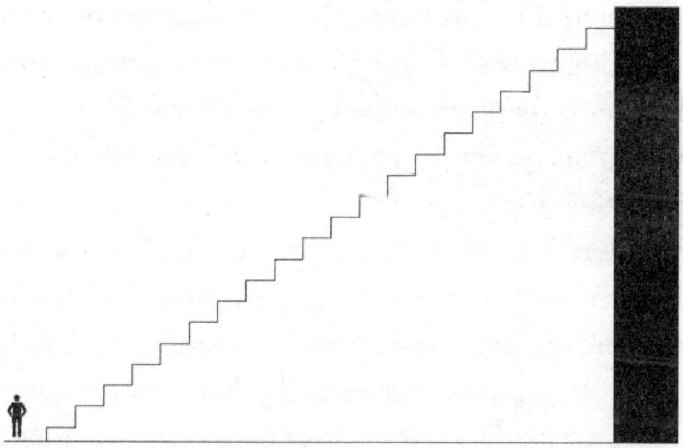

Şekil 8: Hedef ve ona giden basamaklar

O halde, sizi bekleyen işleri önce basamaklara ayırın. Bunu umutsuzluğunuzu azaltması için değil, yapmış olmak için yapın. Umutsuzluğunuz azalırsa, bu da tabii ki işin artısı olur. "Benim yapmam gereken işler zaten basit," diye düşünmeyin çünkü depresyondayken en basit iş bile insana zor gelir. Hiç unutmuyorum; yıllar önce depresif bir hastam, "Şu anda diş fırçalamak benim için bir ev taşımak kadar zor," demişti. O yüzden, normalde sadece büyük işler için yaptığımız basamaklandırma ve planlamayı, depresyondayken yapamadığımız küçük işlere de uygulamamız gerekir.

Peki, merdivenin basamak boyu nasıl olmalı? Basamaklar sizin boyunuzun yüksekliğinde olsa ne yaparsınız? Evet, basamaklar sizin adım boyunuza uygun olmalı. Atacağınız adımları, özellikle de ilk adımları mümkün olduğunca küçük ve yapılabilir tutun.

Bir diğer soru: Basamakları tırmanırken gözünüz hep tepede olursa ve önünüze bakmazsanız sonuç ne olur? Ya takılıp düşersiniz ya da alınacak yol gözünüzde büyür. Dolayısıyla, adımlarınızı atarken işin bütününe, geri kalanına ya da sonuna değil, sadece önünüzdeki adıma odaklanın.

Şimdi, yapacaklarınızı somutlaştırmaya geçelim. Yapmak durumunda olduğunuz şeylerle ilgili atacağınız adımları sıralayalım:

1. Yapmanız gereken ama ertelediğiniz işlerin bir listesini yapın. (Yürüyüş yapmak, çocuğun okuluna gitmek, alışverişe çıkmak, mutfağı toplamak, ders çalışmak vb.)

2. Bu işleri öncelik sırasına göre dizin. Hangisi daha acil? Hemen yapılması gereken acil işleri A, yapılması gerekenleri B, yapılması gereken ama bekleyebilecek olanları C diye kodlayın. Hangisinin ilk yapılması gerektiğine karar veremezseniz veya aralarında öncelik farkı yoksa, yapılacak işlerin adlarına göre alfabetik bir sıra oluşturun. Bu aşamada önemli olan, bir şeyler yapmaktır.

3. Yapmanız gereken veya sizi bekleyen ilk işi küçük adımlara bölün. Bu işi tamamlamak için sırayla neleri yapmanız gerekiyor? Adımlara ayırıp sıraya dizeceğiniz her parça işin yapılabilecek büyüklükte olmasına dikkat edin. Gerekirse bu konuda size destek olabilecek bir yakınınızdan veya varsa doktorunuzdan, terapistinizden yardım alın.

Örnekler:

a. *Evi Toplamanın Adımları:* Uygun bir kıyafet giymek, en öncelikli toplanacak odayı tespit etmek, o odaya girmek, odadan çıkartılacakları çıkartmak, odadaki eşyaları yerine koymak ve odayı temizlemek.

b. *Çocuğun Okuluna Gitmenin Adımları:* Okulun telefon numarasını edinmek, okulu aramak, veli toplantısının gününü ve saatini öğrenmek, toplantı günü işlerini ayarlamak, toplantı günü bir saat kala hazırlanmaya başlamak, okula gitmek, öğretmenleri bulmak ve konuşmak.

4. Adımları belirledikten sonra artık sadece ilk adıma odaklanın. Onun dışındaki diğer adımları veya işin sonunu bir kenara bırakın.

5. Birinci adımı zihinsel olarak prova edin. Karşılaşabileceğiniz herhangi bir olası zorluğu yazın ve bununla ilgili ne yapabileceğinize çalışın.

6. Birinci adımı gerçekleştirin. İlk adım en zorudur. Eğer zorlanır veya ilk adımı atamazsanız, onu kendi içinde daha küçük adımlara bölün. Örneğin, ders çalışmıyorsanız, ilk adımınız masada 5 dakika oturmak olabilir. Yürüyüş yapmıyorsanız, ilk adımınız spor ayakkabınızı alıp göz önünde bir yere koymak olabilir.

7. İşin başına geçip yapmaya başladığınızda size engel olacak nitelikte olumsuz düşüncelere kapılabilirsiniz. Bu olumsuz düşünceler çökkün kişilerde aşağı yukarı aynılık gösterir. İşi yaparken aklınıza gelen herhangi bir olumsuz düşünce olursa bunu yazın. Depresiflerde görülen ve iş yapmaya engel olan belli başlı düşünceleri ileriki sayfalarda sıralanmış halde bulacaksınız. Eğer düşünceniz orada örneklendirilenlere benziyorsa onu seçin. Listede uygun bir düşünce bulamazsanız, düşüncenizi kendiniz yazıp ona karşı bir alternatif düşünce geliştirin. Yapamazsanız, bunu daha sonra bir yakınınızla veya terapistinizle tartışmak için kendinize hatırlatma notu düşün. Ve sonra, yapmakta olduğunuz şeye yoğunlaşın.

8. Eğer adımlara böldüğünüz iş sizi gene zorlarsa, o adımları da kendi içinde bölün ve gene olumsuz düşünceler ortaya çıkarsa onları da belirlemeye çalışın.

9. Etkinlik tablonuza ne yapmış olduğunuzu yazın ve hiç geciktirmeden Hoşlanma ve Başarı açısından 0 ila 10 arasında puanlayın.

10. İş bittiğinde buna odaklanın. Ya da bitirdiğiniz kadarına odaklanın. Kalan veya yapmak zorunda olduğunuz işlere değil. Yaptığınız şeyleri küçümseyen veya hiçe sayan olumsuz düşüncelere karşı gözünüz açık olsun. Bu düşünceleri yazın ve eğer cevaplayabilirseniz cevaplayın, yani onlara karşı alternatif düşünceler geliştirin. Cevaplayamadıklarınızı not edin, daha sonra güvendiğiniz bir yakınınız, doktorunuz veya terapistinizle tartışmak için saklayın.

11. Bir sonraki işe geçerek ona da aynı basamakları uygulayın.

Etkinlik Yaparken Çıkabilecek Sorunları Nasıl Çözebilirsiniz?

Eğer etkinliklere başlamakta güçlük çekiyorsanız, bedeninize sanki onunla konuşuyormuş gibi yapmanız gerekenleri söyleyin. "Ayaklarım! Yürüyün", "Ellerim! Bilgisayarı aç, kalemi al, şimdi numarayı yaz" gibi. Bu, işe başlamak için bir tür ateşleyici görevi görür. Kendinize ne yapmanız gerektiğini söyler söylemez onu yapın. Herhangi bir duraksamaya izin vermeyin çünkü arkasından tereddüt gelebilir.

Yaptığınız planlar sadece bir yardımcıdır; bir doğa yasası veya kanun değil. Planlarınızla ilgili fazla katı olmayın. Bu çalışmaların ve aslında bütün sürecin amacı, sadece ve sadece size yardım etmektir; sizi zorlamak veya üzerinizde baskı kurmak değil. Sizi programınızdan çıkartacak beklenmedik bir şey olabilir. Örneğin, bir arkadaşınız beklenmedik bir anda gelebilir veya bulaşık makineniz bozulabilir. Bu noktada, gününüzü planlamak için harcadığınız çabanın boşa gittiğini hissedebilirsiniz. Eğer planlarınıza "hep ya da hiç" biçiminde yaklaşırsanız sıkıntı duyarsınız ama buna bir süreç veya alınacak bir yol gibi bakarsanız, yapamadıklarınız için kendinizi rahatsız hissetmezsiniz.

Bazı şeyler düşündüğünüz gibi gitmezse öncelikle durumu kabul edin ve planınıza elinizden geldiği kadar uymaya çalışın. Gecikme olursa ya da iş umduğunuzdan uzun sürerse bir sonraki işe atlayın ya da günün ilerleyen saatlerinden bir işi iptal edin. Örneğin, odayı toplamak umduğunuzdan bir saat daha fazla sürdüyse, o güne planladığınız çamaşır yıkamayı ertesi güne erteleyin.

Planladığınız kimi etkinlikler kontrolünüzde olmayan şeylere bağlı olarak bozulabilir. Örneğin, yürüyüşe çıkmayı planlamışken yağmur yağması veya bir arkadaşınızı ziyaret etmeyi planlamışken onun evde olmadığını öğrenmeniz gibi. Bu durumda hiçbir şey yapmamaktansa bunların yerine yapabileceğiniz, hoşlanacağınız alternatifler arayın. Eğer bazı nedenlerle özel bir zamanda yapmayı planladığınız şeyi yapamazsanız (yemek yapmak, evi temizlemek vb.) geriye dönmeyin ve bunu daha sonra yapmaya çalışın. Planınızdaki sonraki etkinliğe geçin ve kaçırdığınız şeyleri ertesi gün için yeniden planlayın. Aynı şekilde, eğer bir etkinliği tahmininizden daha erken bitirirseniz, bir sonraki etkinliği, planladığınız zamana bırakın. Doğan boş zamanı hoşunuza giden bir şeyle doldurun. Hoşunuza giden etkinliklerin önceden bir listesini yaparsanız aralarından hemen seçme şansınız olur.

Planlarınızı yaparken çok ayrıntıcı olmayın ama o işin genel adıyla da yetinmeyin. Yapmaya niyetlendiğiniz şeyi en ufak noktasına kadar yazmanız gerekmez. Örneğin, temizleyeceğiniz her şeyin adını yazmanız gereksiz bir ayrıntıdır. Fakat sadece "temizlik" yazarak yapacağınız işin en genel adıyla da yetinmeyin.

İşleri planlarken, yapacağınız işin azlığı ya da çokluğu değil, niteliği önemlidir.

Belli bir zaman içerisinde ne kadar şey yaptığınızı değil, herhangi bir etkinlik için ne kadar zaman harcadığınızı yazın. Planlamada öncelikle belli bir iş için belli bir süre harcamayı hedefleyin. Süre biterse durun. Belli bir zaman içerisinde ne kadar iş yaptığınız sizin kontrolünüzün dışındadır. Örneğin araya başka bir şeyler girebilir, elektrik süpürgeniz bozulabilir, elektrik kesilebilir vb. Ya da depresyona bağlı diğer sorunlar sizi geciktirebilir. Örneğin, dikkat güçlüğü çekebilirsiniz. Eğer kendinize öğleden sonra bütün evi temizlemek zorunda olduğunuzu söyler ve yapamazsanız, bunu bir başarısızlık olarak görürsünüz ve kendinize yaptığınız iş için herhangi bir ödül vermezsiniz. Fakat amacınızı bir saat ev temizlemek şeklinde belirlerseniz, bir saatin sonunda temizliğin ne kadarını yapabildiğinizin bir önemi kalmaz. Çabanızı takdir edin; aldığınız sonucu değil.

Etkinlikleri yaparken amacınız depresyonunuzu aşmak değil, mümkün olduğunca, planladığınız şeyleri yapmaya çalışmaktır.

Yani bir şey yapmak için bir şeyler yapmaya çalışın; işi bitirmek, çok iyi yapmak, kendinizi iyi hissetmek veya depresyonunuzun geçmesi için değil. Muhtemelen bazı şeyleri yaparken diğerlerine göre kendinizi daha iyi hissedeceksiniz ama bu özellikle aradığımız bir şey değil, kendiliğinden ortaya çıkan bir sonuç olmalı. Yaptığınız herhangi bir şey tek başına mucizevi bir iyileşmeye neden olmayacaktır. Depresyonunuzu bir saatlik bir sohbet veya ev temizliğiyle aşmayı beklemeyin. Eğer bunu beklerseniz, sadece hayal kırıklığına uğrarsınız.

Herhangi bir etkinliği kendinizi tükettikten sonra veya işler kötüye gittiğinde değil, süresi dolduğunda bırakın. Bu kendinizi iyi ve başarmış hissetmenizi sağlayacak, sizi devam etmeye hazır tutacaktır.

"Peki, vaktimi nasıl geçireceğim, ne yapacağım?" diye düşünebilirsiniz. Sırada, bu soruya yanıt yerine geçecek bir listemiz var.

Yaşamdaki Etkinlikler

Aşağıda insan yaşamını oluşturan ana alanlara ilişkin etkinlik örnekleri sıralanmıştır. Bu liste, kendi etkinlik listenizi yaparken yararlanmanız amacıyla hazırlanmıştır.

Gezme

Geziye çıkmak (Kısa geziler)
Tatile çıkmak
Köyüne gitmek
Memleketine-şehrine gitmek
Hayvanat bahçesine gitmek
Hava araçlarına binmek
Pazara gitmek
Kaplıcaya gitmek
Ucuzluk pazarına gitmek
Alışveriş merkezine gitmek
Ev için eşya almak
Vitrinlere bakmak
Kitapçıları gezmek, kitap satın almak
Çocukları gezdirmek
Parklarda gezip oturmak
Eski arkadaşlarla telefonlaşmak, buluşmak
Seyahat yapmak (Başka bir şehre ya da ülkeye)
Şehri gezmek
Şehrin önemli tarihi yerlerini gezmek
Müzeye gitmek
Araba kullanmak
Dağa çıkmak
Söyleşilere gitmek

Eğlence

Düğüne gitmek
Sinemaya gitmek
Tiyatroya gitmek
Müzik dinlemek
Güneşlenmek
Denize gitmek
Yakın arkadaşlarla buluşmak
Piknik yapmak
Eğlenceye gitmek
Dans etmek
Doğa gezisi yapmak
Bitki çeşitlerini incelemek
Resim galerisine gitmek
Maça gitmek
At yarışı izlemek
Top oynamak
İp atlamak

Eğitim

Okula gitmek
Yüksek lisans yapmak
Açık liseye-üniversiteye başlamak
Mesleki plan yapmak
Mesleki konularda kursa katılmak
Yeni bir şey öğrenmek
Ansiklopedi okumak
Sanatsal amaçlı yeni şeyler öğrenmek
İlgilendiğiniz konulardaki konuşmaları dinlemek
Belgesel izlemek
Dil öğrenmek
Yeni becerilere ilişkin kursa gitmek

İnsanlarla Etkileşim ve Diğer Sosyal Etkinlikler

Arkadaşları, yakınları, tanıdıkları vb. eve çağırmak ve çağrıldığınız yerlere gitmek
Kahveye gitmek
Aile ziyaretinde bulunmak
Camiye gitmek
Dini sohbetlere katılmak
Yaş gününe gitmek
Kantinde oturmak
Yeni insanlarla tanışmak
Eski güzel sosyal etkinlikleri-olayları hatırlamak
Derneklere üye olmak
Yardım kuruluşlarında çalışmak
Siyasi faaliyetlere katılmak
Dışarıda yemek yemek
Toplumsal faaliyetlere katılmak
Hediye almak
Komşuya gitmek
Kabul gününe-altın gününe gitmek
Başkalarıyla beraber yemeğe gitmek
İnsanları dinlemek
Flört etmek
Birine hediye olarak bir şey yapmak

Hobiler, Sanatlar

İğne oyası gibi elişleri yapmak
Eski eşyaları yenilemek
Maket yapmak
Şarkı söylemek
Resim yapmak
Gazete, dergi, kitap okumak
Dürbünle doğayı seyretmek

Kuşları izlemek
Teleskopla bakmak
Gözlemevine gitmek
Müzik korosuna katılmak
Müzik aleti çalmak
Yapboz yapmak
Bulmaca çözmek
Zihin bulmacaları çözmek
Akvaryum almak-izlemek
Fotoğraf çekmek
Balık tutmak
Edebi kitaplar (roman, öykü, deneme, şiir) okumak
Çizgi roman okumak
Tiyatro kursuna gitmek
Marangozluk yapmak
Çalışmak

Evde Yapılan İşler
Evcil hayvan bakmak
Evi boyamak
CD-kaset-plak dinlemek
TV seyretmek
Dikiş dikmek
Çocuklarla oynamak, çocuklarla ilgilenmek
Bahçe işleri yapmak
İnternette gezmek
E-postalarla ilgilenmek
Temizlik yapmak
Radyo dinlemek
Odaya yeni bir düzen vermek
Saksı çiçekleri, bitkileri yetiştirmek
Koleksiyon yapmak

Kullanılmayan eşyaları ayırmak
Günlük plan yapmak
Bir konuda araştırma yapmak, okumak
Yemek yapmak
Yemek yemek
Evde tamirat yapmak
Araba, bisiklet vb. temizlemek
Günlük tutmak

Sağlık ve Görünüm

Banyo yapmak
Fotoğraf çektirmek
Yeni elbiseler giymek
Saç kestirmek
Makyaj yapmak
Bakım yaptırmak
Parfüm kullanmak
Gözlüklerini yenilemek
Dişlerini yaptırmak
Diyet yapmak
Elbise satın almak
Kuaföre gitmek
Meditasyon yapmak

Spor ve Oyunlar

Yürüyüş yapmak
Koşu yapmak
Kart oyunları oynamak
Masa oyunları oynamak
Jimnastik, aerobik yapmak
Masa tenisi oynamak
Dövüş sporları yapmak (Güreş, karate, judo vb.)

Yüzmek
Futbol oynamak
Uçurtma uçurmak
Egzersiz yapmak
Paten yapmak, kaymak
Bowling oynamak
Bisiklete binmek
Bilgisayar oyunu oynamak
Oyun konsolunda oyun oynamak
Bilardo oynamak
Tavla oynamak
Ata binmek
İnternet kafeye gitmek

Sizi Bir Şeyler Yapmaktan Alıkoyan Düşünceler

Bir şeyler yapma yolundaki girişimlerinizi kötümser, kederli düşüncelerin nasıl engellediğini ve sizi depresyonun kısır döngüsüne hapsettiğini konuşmuştuk. Depresyonunuzu yenmenin en iyi yollarından biri de, zihninize gelen kötümser düşünceleri saptamak ve bunlara karşı çıkmaktır. Bilişsel Terapi'nin depresyonla ilgili getirdiği en önemli yenilik budur. Bunu nasıl yapacağınızı daha sonraki bölümde detaylarıyla öğreneceksiniz. Burada yapacağınız çalışmalar düşüncelerinizi değiştirmeyi kolaylaştıracak bir ön alıştırma olacak. Sırada depresyonları nedeniyle fazla etkinlik yapmayan insanlarda görülen düşüncelerin bazı örneklerini, bunların olası cevaplarıyla birlikte bulacaksınız. Bunlar, o düşüncelere verilebilecek en uygun veya tek cevap değiller. Sadece birer öneriler. Size kişisel olarak yarar sağlayacak cevaplar oldukça farklılık gösterebilir. Pratik yaparak kendiniz için daha anlamlı ve uygun cevapları bulmayı öğrenebilirsiniz. Bunları bulmak, hissettiklerinizi olumlu yönde değiştirecek ve yaşadığınız zorlukları yapıcı bir şekilde halletmenizi sağlayacak.

İş Yapmaya Engel Olan Düşünceler ve Olası Cevaplar

Düşünce: **Hiçbir şey yapamıyorum, bir sürü engel var.**
Cevap: Herhangi bir şeyi yaparken her zaman bazı zorluklar olur. Bu, yaşamın bir parçasıdır. Eğer böyle hissetmeseydim bunlar için ne yapardım? Nasıl halledeceğimi bilemediğim zorluklarla ilgili fikir alabileceğim birisi var mı? Onu bulup onunla konuşabilirim.

Düşünce: **Program yapamıyorum. Yapacak çok iş var. Baş edemeyeceğim.**
Cevap: Böyle düşünmek ve buna inanmak depresyonun bir parçasıdır. Bu gerçek olmayabilir. Neyi yapmam gerektiğini yazarsam, belki de gözüme o kadar zor görünmeyecek. Hepsini birden yapmak zorunda değilim. İşleri birer birer ele alabilirim.

Düşünce: **Bu çok zor.**
Cevap: Belki de henüz bu işe başlamadığım ve depresyonda olduğum için zor görünüyor. Geçmişte bundan çok daha zor şeyleri yaptım.

Düşünce: **Bu işi nasıl yapacağım?**
Cevap: Nasıl yapacağım diye düşünüp kalmak bana katkı sağlamaz. Yapacağım işi daha iyi yapmamı da sağlamaz. Hiçbir şey yapmamaktansa denemek ve ne kadarını yaptığımı görmek daha iyi olacak.

Düşünce: **Yapmak istemiyorum.**

Cevap: Bu doğru, insan depresyondayken isteksiz olur zaten. Fakat şu anda bile istemeye istemeye yaptığım bazı şeyler var. Bu yapacaklarımın, şu anda zorunlu olarak yaptıklarıma kıyasla bana iyi gelme olasılığı daha fazla. Bir şeyi istesem de istemesem de, düşünmem gereken, uzun vadede neyin benim yararıma olacağı. Hangisi bana kendimi daha iyi hissettirecek ve kontrol duygumu artıracak? Yapmak mı, yoksa yapmamak mı?

Düşünce: **Şu anda onu yapamam, kendimi iyi hissedinceye kadar bekleyeceğim.**

Cevap: Depresyondaki kişinin düşeceği en büyük tuzak kendini kötü hissettiği için bir şeyi yapmamaktır. "Bu kadar kötüyken dışarı çıkmanın bir anlamı yok" diye düşünüp dışarı çıkmamak gibi. Oysa tam tersine, duygusal olarak kötüysem, bu bir şeyler yapmam için en uygun zamandır. Eğer yapmazsam, şu anda o işi yapıp yapamayacağımı bilemem. Kendini iyi hissetmemek depresyonun bir belirtisidir. Bu nedenle, eğer kendimi iyi hissedene dek beklersem, belki de asla yapmam. Yaptığımda kendimi ya kötü ya da iyi hissederim. Bu işi yapmak bana kendimi daha iyi hissettirecekse zaten sorun yok. Yapar ve kendimi kötü hissetmeye devam edersem, kaybettiğim bir şey olmayacak nasılsa.

Düşünce: **Çok geç, daha önceden yapmalıydım.**

Cevap: Belki önceden yapsam daha iyi olurdu. Fakat gerçek olan, yapmamış olduğum. Kendimi suçlu hissetmenin bir faydası olmayacak. Geç yapmak, hiç yapmamaktan iyidir. Pişmanlıkla zaman harcayacağına şimdi yap.

Düşünce: **İlk neyi yapmam gerektiğine karar veremiyorum.**

Cevap: İlk neyi yapacağım hiç fark etmez. Bu aşamada önemli olan, bir şeyler yapmaktır. Alfabetik sırada daha önce gelen şeyi yapabilirim. Bir kez başladığımda, sonrasında neyi yapacağımı daha kolay bulmaya başlarım. Eğer daha sonra da karar veremezsem alfabetik sıraya devam ederim.

Düşünce: **Denemenin hiçbir yararı yok. Bu sadece her şeyi berbat eder ve kendimi daha kötü hissederim.**

Cevap: Denemedikçe bunu bilemem. Hiç kimse benden beş yıldızlık bir performans istemiyor. İşleri karıştırsam bile, bu dünyanın sonu olmaz. Gereğinden fazla ciddiye almazsam hatalarımdan bir şeyler öğrenebilirim.

Düşünce: **Hoşuma gitmeyecek.**

Cevap: Bunu nereden biliyorum? Ben geleceği gören bir kâhin değilim. Geleceği görmek gibi bir gücüm yok. Hele bir başlayayım da, belki düşündüğümden daha fazla hoşlanırım. Daha önce de hoşlanmayacağımı sandığım ama sonra hoşlandığım şeyler olmuştu.

Düşünce: **Planladığım her şeyi yapamayacağım.**

Cevap: Hiç kimse planladığı her şeyi her zaman yapamaz. Bununla ilgili kendimi kötü hissetmem, kendime karşı acımasızlık olur. Üstelik şu anda birçok kişiye göre bir işe başlama ve o işi sürdürme açısından dezavantajlı durumdayım. Kendimi suçlamak yerine, bu durumda kalan insanlar gibi, yapamadığım şeyi bir sonraki güne koyabilirim. Yapabildiğin kadarını yap ve yapamadığını unut. Çünkü bugün dünyanın son günü değil ve henüz yarın yaşanmadı.

Düşünce: **Hiçbir şey yapmıyorum.**

Cevap: Hiçbir şey ne demek? Bundan emin miyim? Yoksa yaptığım şeyleri hesaba katmadığım için mi böyle düşünüyorum? Niye birkaç günlüğüne ne yapıp yapmadığımı yazarak gerçeğe bakmıyorum? Hiçbir şey yapmadığım belki de sadece düşüncemden ibaret.

Bir Davranış Olarak Oturup Düşünme: Tekrarlayan Düşünceler

Tekrarlayan düşünceler, depresyonla bağlantılı düşünsel bir etkinliktir. Kişi zamanının çoğunu sürekli kendisi, geçmişi ve durumuyla ilgili düşünerek geçirir. Bu düşünme etkinliğiyle fazla zaman geçirmek hem depresyonun sürmesine hem de kişinin daha üretken olabileceği şeylerden uzak kalmasına yol açar.

Sürekli olumsuzluklar, kayıplar ve potansiyel kötülükler üzerinde düşünen kişinin kendisine ilk sorması gereken, "Ne düşünüyorum?" yerine, **"Ne için düşünüyorum?"** sorusudur. Düşünme eyleminiz hangi amaca hizmet ediyor, hangi sonuca yol açıyor?

Geçmişteki olumsuz şeylere odaklanıp olanları tekrar tekrar düşünmek yaşama ve bir şeyler yapmaya ilişkin isteğinizi kırar, sizi sorun çözmekten uzaklaştırır. Tekrar tekrar düşünmek etrafınızdaki dünyaya daha az odaklanmanıza yol açar. Araştırmalar kişinin dikkatinin çok fazla kendinde toplanmasının depresif duygudurumunu artırdığını göstermiştir. Kafası başka yerde olmak veya zihnin dolaşması diyebileceğimiz bu durumun o anki duygusal hâle etkisini inceleyen araştırmacılar, bu tür insanların, aklı yaptığı işle ve bulunduğu çevreyle meşgul kişilere kıyasla ciddi oranda daha mutsuz olduklarını saptamıştır[9]. İnsanın kendine aşırı dönmesi onu çevreden kopartır. Bu da kişinin beş duyu organıyla kendinden ve çevresinden önemli verileri alamamasına ve bilgi eksikliğine yol açar. Örneğin, insanlara kulak kesilirsek konuşmaları bize onlarla ilgili değerli bilgiler verir. Bu da onları tanımamızı ve böylece ilginç yeni dünyalara, insanlara açılmamızı sağlar. Dikkatimizin kendimizde toplanması ise bizi eskiye ve geçmişe odaklar, yeni bir şey getirmez.

Peki buna rağmen, çökkün ve üzgün kişiler neden aynı konuları, eksiklikleri, yoksunlukları, mutsuzlukları tekrar tekrar düşünürler? Belki garip gelecek ama en önemli neden, bunun sorunu anlamalarına ve çözmelerine yardım edeceğine inanmalarıdır.

Evet, bazı durumlarda sorunların nedenleriyle ilgili düşünmek yararlıdır: Örneğin somut, fiziksel, bedensel sorunlarda. Ama kaygılı, çökkün ve depresifken bu pek yararlı olmaz.

Tekrar tekrar düşünmek aslında kaçınma davranışlarındandır. Şimdi bunu netleştirmek için bir örnek verelim:

Ali bir üniversite öğrencisi. Okulunun bitmesine az kaldığı için arkadaşları "Son altı ay bizde kalırsın, kira sözleşmeni yenilemene gerek yok," diyor. Ali de yaşadığı evin sözleşmesini yenilemiyor. Ancak iş gerçeğe binince arkadaşları ona evlerinin müsait olmadığını söylüyor. Ali bir süre ortada kalıyor, ardından çok da istemediği bir ev arkadaşıyla yaşamaya mecbur oluyor. Mutsuzluk, ilgisizlik, isteksizlik ve umutsuzluk yaşayan Ali'nin okuldaki başarısı düşüyor.

Şimdi, Ali'nin durumuna bir bakalım:

Konu: Yer bulamamak ve tercih edilmeyen bir ev arkadaşıyla yaşamak zorunda kalmak.

Olası kaçınılan şeyler: Yeni bir yer bakmak, telefon görüşmesi yapmak, emlakçıya gitmek.

Tekrar tekrar düşünmenin sonucu: Daha mutsuz ve endişeli olmak, nerede yaşayacağı konusunda herhangi bir ilerleme kaydedememek.

Şimdi sıra sizde. Çokça düşündüğünüz bir konuyu seçin. Bunu yapmak hangi duygu veya durumdan kaçınmanıza hizmet etti? Tekrar tekrar düşünmenin sonucu neydi?

Sorun Çözme, Yaşantı ve Aşırı Düşünmenin Ayrımı

Bir sorunu çözmek üzere onun üzerine düşünmekle aynı konuyu tekrar tekrar ve aşırı düşünmek arasında büyük bir fark vardır. Sorun çözümüne dönük düşüncede, kişi sorunu çözecek veya sorunla ilgili bir ilerleme sağlayacak kadar düşünür. Aşırı ve tekrarlayıcı düşünmede ise sorunla ilgili tekrar tekrar düşünürsünüz ancak bu herhangi bir sonuca ulaşmayan, sadece daha fazla depresyona yol açan bir süreçtir.

Bir düşünceyi, duyguyu veya duyumu bizzat yaşamakla, bunlarla ilgili tekrar tekrar ve aşırı düşünmek arasında önemli bir fark vardır. Kötü bir şey yaşadığımızda (ölüm, kayıp, tartışma, üzüntü, hayal kırıklığı vb.) kendimizi bir süre çökkün hissetmek gayet normaldir. Ama normal olanı anormal görerek bu duyguları yaşamamaya veya yok etmeye çalışmak asıl sorunu doğurur. Doğası gereği duygular zamansal olarak sınırlıdır. Eğer kendinize duygularınızı tam olarak yaşamak için izin verirseniz birkaç dakika, birkaç saat, birkaç gün veya bilemediniz en çok birkaç hafta sürer ve geçerler. Öte yandan, tekrar tekrar düşündüğünüz olumsuz duygular size çok daha uzun süre yapışıp kalırlar. Bu alışkanlığın yararsız olmasına rağmen sürmesinin en önemli nedeni, kişinin bunu yaptığını fark etmemesidir.

Tekrarlayıcı ve aşırı düşünmeyi azaltmanın ilk adımı onu fark etmektir.

Aşırı, Tekrarlayıcı ve Zarar Verici Düşüncenin Özellikleri

1. Eğer sürekli ve tekrar tekrar aynı olumsuz düşünce, duygu ve durumları düşünüyorsanız…
2. Bu tekrar tekrar düşünme süreci sizin daha umutlu, daha iyi, daha anlayışlı olmanızı sağlamıyorsa…
3. Bu düşünce süreci sorunu çözmenize yardımcı olmuyorsa…

   Bilin ki, yaptığınız şey gereksiz yere uzun uzadıya düşünme, yani psikoloji diliyle söylersek "ruminasyon"dur. Yaptığınız şeyin ruminasyon olup olmadığını anlamanız için basit bir yöntem önereceğim: *Düşünce Biçimini Anlamak İçin 2 Dakika Kuralı.*

   Uzun uzun, aşırı ve tekrarlayıcı şekilde düşündüğünüzü fark ettiğinizde 2 dakika daha bunu sürdürün. Ardından durup kendinize şunları sorun:

1. Üzerinde düşündüğüm konu veya sorunu çözmeye dönük herhangi bir ilerleme sağladım mı?
2. Sorunla veya soruna ilişkin duygularımla ilgili daha önce bilmediğim veya fark etmediğim yeni bir şeyi anladım mı, keşfettim mi?
3. Düşünmeye başlamadan öncekine göre kendimi daha az eleştirel, daha iyi hissediyor muyum?

Eğer bu sorulara cevabınız hayır ise yaptığınız şey gereksiz yere, aşırı ve tekrarlayıcı düşünme yani ruminasyondur.

Peki, Sonra?

Bundan sonrası için yapacağımız şey depresyonun size oynadığı oyunu tersine çevirmektir. Depresyon kendisini sürdürmek için gerekli enerjiyi olumsuz düşünce ve davranışlardan alır. Bu anlamda, olumsuz konularda tekrarlayıcı ve aşırı düşünmenin azalması depresyonun da azalmasını sağlar.

Bundan sonrası için istediğimiz değişim şu: **Olumsuz konularda tekrarlayıcı ve aşırı düşündüğünüzü görürseniz, düşünüp oturmayı sürdürmek yerine, bunu harekete geçmek ve bir şey yapmak için bir işaret olarak görün.**

Bu belki garip bir fikir gibi gelebilir fakat aşırı ve gereksiz düşünmeyi, sizin harekete geçmeniz, yapıcı bir şeylerle uğraşmanız için bir işaret olarak kullanmayı öğrenebilirsiniz. Bu işareti trafikte yeşil ışığın yanmasına benzetebilirsiniz. "Geç" işareti olduğunu varsayabilirsiniz.

Nasıl Yapabilirim?

Ayşe Hanım 47 yaşında, neredeyse kendini bildiğinden beri depresyonu olan, evli bir kadındır ve 14 yaşında bir kızı vardır. Bir bankada gişe memuru olarak çalışmaktadır. Özellikle sabahları kalktığında kendini kötü hissetmekte, "Yine kötüyüm", "Bu hiç geçmeyecek", "Bugün nasıl geçecek!", "Çok sıkıntılıyım" gibi düşünceleri olmaktadır. Mesai boyunca düzeyi değişmekle birlikte kendini kötü hissetmeye devam etmektedir. Özellikle akşamları ev işleri bitip de oturduktan sonra sabahları olduğu gibi yine kendini en kötü hissettiği anlar başlamaktadır. Ona göre bu süreyi eşi ve çocuğuyla oturarak ve TV seyrederek geçirmekte, özel bir şey yapmamaktadır. Bu sürede kendini kötü hissettiği için de ayrıca kendini kötü hissetmektedir.

Şimdi Ayşe Hanım hakkında biraz daha bilgi edinelim ve hikâyesine yakından bakalım: Ayşe Hanım akşamları eşiyle ve çocuğuyla birlikte otururken aslında onlarla birlikte olmaktan veya televizyon seyretmekten çok geçmişine, özellikle de yaşamındaki kayıplara, eksikliklere ve yapamadıklarına odaklanmaktadır. O anlarda, evliliğin ilk yıllarında eşinin ailesiyle yaşadığı sorunları, kızının yaşı ilerledikçe ondan uzaklaşmasını, eşiyle aralarındaki duygusal kopukluğu düşünmektedir. Özellikle de, kendi "başarısızlık"larına ve çevrenin ona veremediklerine odaklandıkça kendini daha kötü hissetmektedir. Aslında ona doğal, günlük, sıradan bir şey gibi gelen bu durum, otomatikleşmiş bir tepki gibi. Kendisi bunu oturup TV seyretmek zannedebilir. Oysa bu TV seyretmek veya ailesiyle birlikte oturmak değil, ruminasyondur.

Ayşe Hanım'ın ilk yapması gereken bunu fark etmek. Ve bunun yerine başka şey planlamak. Örneğin hoşuna giden bir kitabı okuyabilir, fatura ödeyebilir, yemek yapabilir, bir yeri düzenleyebilir, resim yapabilir, yazı yazabilir, çiçeklerle ilgilenebilir, yürüyüş yapabilir, film seyredebilir, bir arkadaşını arayabilir, ailesiyle görüşebilir.

Kişi ne zaman aşırı düşünüp kafasında kurmaya başlarsa, kalkıp bunun yerine bir iş yapacak; bunu fark edip yerine başka bir şey koymaya çalışacak. Hele de bu onun için anlamlı ve önemli bir şeyse ve o işi yaparken anda kalabiliyorsa, işte o zaman kendini iyi hissetmeye de başlayacaktır.

Anlamlı Bir Yaşam Ne Demek?

Size göre yaşamın anlamı nedir?

Böyle sorulduğunda, yaşamın anlamıyla ilgili herkes pek çok farklı şey söyleyebilir.

Bizim burada anlamlı bir yaşam derken kastettiğimizse, kişiden kişiye, felsefeye veya inanca göre değişmeyecek daha yalın, basit bir şey: Yaşam, doğum ile bilemediğimiz bir zamanda gerçekleşecek olan ölüm arasında geçen bir zaman dilimi. Yaşama anlam verecek veya onu anlamsız kılacak şeyse kişinin bu zaman dilimini nasıl geçirdiği.

İnsanlar zamanlarını nasıl geçiriyor diye baktığımızda başlıca sekiz alan görüyoruz:

1) Duygusal alan

Bu alanı duygusal yakınlık duyup beraberlik kurduğumuz kişiyle yaptığımız etkinlikler oluşturur. Eşimizle, sevgilimizle paylaştığımız her şey; iletişim, konuşma, ortak faaliyetler, cinsel yaşam, vb.

2) Akrabalık

Bu alan, anne babamızla veya onların yerine geçen kişilerle, çocuklarımızla, akrabalarımızla olan ilişkilerimizden, bu ilişkiler içinde veya bu ilişkiler adına yaptıklarımızdan oluşur. Akrabalarımızla olan paylaşımlarımız, onlarla birlikte geçirdiğimiz zaman, birbirimizden aldığımız destekler, onların hayatı, onlar için yaptıklarımız, onların bizim için yaptıkları bu alanla ilgilidir.

3) Arkadaşlık ilişkileri

Arkadaşlarımız, dostlarımız, onlarla geçirdiğimiz zaman, birlikte yaptığımız etkinlikler ve paylaştığımız şeyler hayatımızın bu alanını oluşturur. Yapılan ziyaretler, sohbetler, konuşmalar, beraberce gezmek vb.

4) İş, kariyer, okul, akademi alanı

Yaptığımız iş, okuduğumuz okul, aldığımız eğitim, işimizle ilgili etkinliklerimiz veya o alanda daha yetkin hâle gelmek için yaptığımız şeyler, birlikte çalıştığımız kişilerle olan paylaşımlarımız, ilişkilerimiz vb.

5) Bedensel alan (Beden, fiziksel görünüm, cinsel yaşam)

Bedenimiz, beden sağlığımız için yaptıklarımız, beslenmemiz, uykumuz, dış görünümümüz, saçımız, kıyafetimiz, kişisel bakımımız, cinsel yaşamla ilgili etkinlikler bu alanı oluşturur.

6) Hobiler, boş zamanlar

Yapmak zorunda olmadığımız ama isteyip hoşlandığımız için yaptığımız etkinlikler bu alanı oluşturur. Oyun oynamak, yeni yerler gezmek, doğaya çıkmak, yürüyüş yapmak, müzik dinlemek, enstrüman çalmak, resim yapmak, elişleriyle uğraşmak, film seyretmek, spor izlemek, bulmaca çözmek, kitap okumak gibi etkinlikler.

7) Toplumsal alan

Hepimiz büyük bir toplum içinde yaşıyoruz. Dolaylı şekilde zaten varlığımız ve yaptığımız işle o büyük toplum içinde bir yerimiz, etkimiz var ama bunun yanı sıra toplumsal etkinliklere katılmak, siyasetle ilgilenmek, sivil toplum kuruluşlarında, toplumsal yardım derneklerinde veya örgütlü olmayan toplumsal etkinliklerde bulunmak bu alanın içerisinde yer alır.

8) Felsefi, manevi veya dini alan

Bu alan kişinin yaşama bakışını, ona verdiği anlamı ve bu anlamla ilgili etkinliklerini kapsar. Eğer dini inancı olan biriyse dini etkinlikler veya kişinin inandığı dünya görüşüne, felsefi anlamda hayata verdiği anlama ilişkin etkinlikler bu alanı oluşturur.

İşte, birey bu yaşam alanlarındaki değer ve ideallerinin farkındaysa, bu değerlere, ideallere uygun yaşıyorsa, hayatını anlamlı görme ve buna bağlı olarak da kendini iyi hissetme olasılığı yüksektir. Değer ve ideal derken kastettiğim şey kişinin bu alanlarda nasıl bir insan olmak (nasıl bir evlat, nasıl bir anne, nasıl bir çalışan, nasıl bir eş, nasıl bir öğretmen vb.) ve nasıl bir hayat yaşamak istediğidir. **Bunun cevabını, yani değer ve ideallerimizi bize gösterecek olan şey ise duygularımızdır. Özellikle de o hiç sevmediğimiz olumsuz duygularımız: Üzüntü, mutsuzluk, karamsarlık, pişmanlık, suçluluk, utanç.** Yeter ki, bakıp görmesini bilelim.

Duygularımızın iki yüzü vardır. Duygular hem istemediklerimize hem de istediklerimize işaret eder. Duygunun yalnızca istemediğimize işaret eden yönünü alıp oraya odaklanırsak depresyondan çıkmamız çok zor, hatta imkânsız hâle gelir. Çünkü kendimizde ve yaşamımızda istemediğimiz şeyleri yok etmemiz, bitirmemiz mümkün değildir. Depresyon, yaşantı ve davranış düzeyinde kişinin istek ve idealleriyle olan bağlantısının kesilmesiyle, bunlara dönük farkındalığın azalmasıyla ilişkilidir. Depresif kişinin tek ideali kalmıştır: Kendini kötü ve mutsuz hissetmemek. Bunun için bulduğu yol davranış olarak kaçınma, düşünsel olarak da ruminasyondur. Ama bu iki yol da depresyonu azaltmak yerine maalesef daha da artırır.

Bir önceki başlıkta hikâyesini incelediğimiz Ayşe Hanım'a dönersek, sabahları kalktığında hissettiği umutsuzluk ve karamsarlık, **onun ruhsal olarak kendini iyi hissetmek ve mutlu olmak istediğini,** akşamları yaşadığı pişmanlık ve kızgınlık ise **yaşamını doğru kararlar vererek iyi bir şekilde ve dolu dolu yaşamak** isteğini göstermektedir.

Ayşe Hanım'ın hikâyesine bir de şunu eklesek: Özellikle tatil günlerinde, uyanmasına rağmen yataktan çıkmasa, tekrar uyumaya çalışsa bu bize neyi gösterir? "Nasıl olsa her şey kötü ve hiç düzelmeyecek, bari bunu daha az fark edeyim, bu sıkıntılı süreyi uyanık olmak yerine uyuyarak geçireyim," diye düşündüğünü ve bu yönde bir çaba harcadığını gösterir. Ayşe Hanım umutsuzluk ve karamsarlık duygusunun işaret ettiği istemediği şeye odaklanmıştır: "Kendimi mutsuz hissetmek istemiyorum." Bunu hissetmemenin en kolay yolu olarak da uykuyu görmektedir. Oysa

Ayşe Hanım'ın, o duygusunun işaret ettiği bir de isteği var: Kendini mutlu ve iyi hissetmek. O halde Ayşe Hanım'ın bu isteğine uygun davranışı kalkıp elini yüzünü yıkamak ve örneğin bir yürüyüşe çıkmak olacaktır.

Kendimizi kötü hissediyorken ve depresifken yapmamız gereken şey, o olumsuz duygumuzun bize göstermeye çalıştığı değer ve ideali, isteği fark edip ona göre davranmaya çalışmaktır.

Oradasınız Ama Orada Değilsiniz: Yaşantıya Odaklanmanın Önemi

Evet, yapılacak şeyleri değer, ideal ve isteklerimize göre seçeceğiz, dedik. Peki yapılacak şeyleri yaparken biz nerede olalım? Tabii ki *orada* olalım. *Orada* olabilmenin yolu dokunarak, görerek, duyarak, tadarak, koklayarak yani hissederek beş duyu organımızı harekete geçirmektir. Yaptığımız şeyle, o şeyi yaptığımız ortamla, o şeyi yaparken ne hissettiğimizle, kendimizle, gerçekle ve o an ne yaşıyorsak onunla bağlantıda olabilmenin davranışsal yolu budur.

Yine Ayşe Hanım üzerinden örnekleyelim: Daireye giderken bindiği serviste, sürekli "Eşimle ilişkim ne olacak? Kızımın dersleri nasıl düzelecek? Arkadaş çevresi mi kötü acaba?" gibi şeyler düşünüyor olsun. Böyle şeyler düşündükçe ne olur? Ayşe Hanım daha da mutsuz ve karamsar olur. Bu düşünce sürecinin ona öğrettiği, gösterdiği yeni bir şey var mı? Hayır. Bu düşünce süreci yaşadığı sorunları çözüyor mu? Hayır. O zaman bu ruminasyondur. Peki, bunun yerine neler yapabilir? Örneğin kitap okuyabilir, kulaklıkla müzik dinleyebilir, yolculuğa, yoldan geçen arabalara, servisin içinde olup bitenlere, duyduklarına ve gördüklerine odaklanabilir.

Bir yaşantıya odaklanmak demek, etrafınızda ne olup bittiğine ve sadece bunlara, yani o âna ilişkin düşünce ve duygularınıza dikkat etmektir.

Günlüğünüzde özellikle kendinizi kötü hissettiğiniz zamanlara ve bu zamanlarda ne yaptığınıza bakın. Bunlar bir şey yapmadığınız zamanlarsa, bir şeyler yapmayı planlayın. Eğer zaten bir şey yapıyorsanız, o işe kendinizi vererek yapmaya çalışın.

Kişiyi içinde bulunduğu ortamdan en çok kopartan eylemler ve durumlar şöyle sıralanabilir:

- Yürüyüş
- Yemek yemek
- TV seyretmek
- Araba kullanmak
- Masada oturmak
- Sosyal ortamlar
- Bilgisayar başında çalışmak
- Temizlik
- Yıkanma

Bu listeyi kendi adınıza değerlendirip şunu sorun: "Bunları yaparken ruminasyon yerine, yaptığım işten kopmak yerine ne yapabilirim?"

Örneğin:

Kişinin yürürken yapabileceği şeyler

- Etrafı koklamak
- Etrafı dinlemek (Kuş, rüzgâr, araç, insan sesleri vb.)
- Yürümenin yarattığı hisleri duyumsamak
- Etrafa bakmak (İnsanlara, mekânlara, evlere, kaldırımlara, bahçelere, ağaçlara, bitkilere, gökyüzüne, bulutlara vb.)

Kişinin başkalarıyla birlikteyken yapabileceği şeyler

- İnsanların ne söylediğini dinlemek
- İnsanların ses tonlarına, tonlamalarına dikkat etmek

- İnsanların telaffuzlarına dikkat etmek
- İnsanların kıyafetlerine bakmak
- İnsanların fiziki görünümlerine bakmak
- Çevredeki eşyayı, mekânın özelliklerini incelemek
- Yiyeceklerin, içeceklerin tadına, kokusuna, görünümüne odaklanmak

Ya Hiçbir Şey Olmadan Kendimi Kötü Hissediyorsam?

Depresyondaki kişi hiçbir olumsuz olay veya olumsuz düşünce olmaksızın da durduk yerde kendini kötü hissedebilir. Hiç kimse yaşamının tamamında kendini iyi hissedemez. Depresyondaki kişiler ise kendilerini çok kısa süreli iyi hissedebilirler. Olumsuz bir duygu ortaya çıktıktan sonra, bütün duygularda olduğu gibi, onu çıkartan şartlar ortadan kalksa bile devam edebilir.

Olumsuz bir duyguya veya olumsuz bir düşünceye kapıldığımızda bunu uzatmaksızın, üzerinde durmaksızın kısaca fark etmek, daha sonra da onu olduğu gibi bırakıp yaşama ve yaptığımız şeye, bulunduğumuz ortama geri dönmek mümkündür. Yani duygunun farkında olacağız ama onu yargılamayacağız, hakkında yorumda bulunmayacağız; sadece görüp bırakacağız. Bir şarkıyı dinlerken, bir filmi izlerken hem onların bir şarkı, bir film olduğunun farkında olup hem de kendimizi onların akışına bırakmak gibi. Yani "iyi/kötü", "böyle olmalıyım/olmamalıyım" vb. demeden, sadece onun ne olduğunu (üzüntü, olumsuz düşünce vb.) hissedip göreceğiz ve yaptığımız işe devam edeceğiz. Amacımız duygu veya düşünceden kurtulmaya veya üzerlerinde derinleşerek onları çözüp analiz etmeye, bir sonuca ulaştırmaya çalışmamak olacak.

BEŞİNCİ BÖLÜM

DEPRESYONU AŞMAK İÇİN DÜŞÜNCELERE NE YAPALIM?

Bugün pazar.
Bugün beni ilk defa güneşe çıkardılar.
Ve ben ömrümde ilk defa gökyüzünün bu kadar benden uzak
bu kadar mavi
bu kadar geniş olduğuna şaşarak
kımıldanmadan durdum.
Sonra saygıyla toprağa oturdum,
dayadım sırtımı duvara.
Bu anda ne düşmek dalgalara,
bu anda ne kavga, ne hürriyet, ne karım.
Toprak, güneş ve ben
Bahtiyarım...

("Bugün Pazar" / Nâzım Hikmet
Bütün Şiirleri / YKY)

İnsanın tanımlarından birisi de onun düşünen bir canlı olduğudur. Düşünme özelliğimizle diğer canlılardan köklü bir şekilde ayrılırız. Düşünce yoluyla dünyadaki nesneleri, kişileri ve olayları tanımlama, sınıflama, gruplara ayırma, ilişki kurma, inceleme, değerlendirme, konuşma, yazma etkinliğinde bulunuruz. Düşünce, insan davranışlarını anlamada anahtar role sahiptir. Bugün uygarlığı oluşturan bilim, edebiyat, teknoloji, sanat, eğitim, din, hukuk gibi birçok şey düşünce olmaksızın olamazdı. Düşünce ve onunla bağlantılı olan konuşma özelliğimiz sayesinde çok uzaktaki insanlarla bile dil aracılığıyla iletişim kurarız, geleceği öngörüp planlarız, karmaşık sorunları çözeriz, kendimizin ve insanların davranışlarını düzenleyen kurallar geliştiririz ve her şeyi öğrenebiliriz. Düşünce doğrudan yaşamsal deneyimlerin ötesinde, insanın zihinsel olarak da kavramlar ve ilişkiler türetmesini sağlar.

İnsanı insan yapan düşüncenin birçok olumlu özelliğinin yanı sıra olumsuz yönleri de vardır. Düşünce bir yandan da insana özgü ıstırapların çoğunun arkasında yatan nedendir: Kendimizle ve insanlarla ilgili olumsuz, önyargılı, nefret dolu kanılarımızı düşünce ile oluştururuz. Travmatik veya sıkıntı verici olayları tekrar tekrar düşünerek yeniden yaşarız. Zararlı ya da yararsız davranışlarımızla ilgili kuralları düşüncemizle oluşturup geliştiririz. Düşünceye aşırı bağlılık ve düşünceyi aşırı kullanmak, yaşadığımız anla bağlantımızı ve temasımızı da koparır; bazen o kadar kendi kafamızın içinde oluruz ki, etrafta olup bitenleri fark edemeden yaşarız.

Öncelikle, düşünce nedir, ona bakalım. Düşünce dediğimiz şey, zihnimizden geçen sözcük ve görüntülere verdiğimiz addır. Sözcüklere, elinizde tuttuğunuz kitaptaki gibi kâğıdın üzerinde olduğunda yazı; ses hâlinde ağzımızdan çıktığında konuşma; kafamızın içinde olduğunda ise düşünce diyoruz. Düşünce, kendi kendimizle yaptığımız, duyulmayan bir iç konuşma gibidir.

Düşünce, beynimizde veya zihnimizde gelişen süreçlerin ürünüdür. Zihinde geliştirilip depolanmış fikirlerin, anlamların, mesajların veya bilgi birimlerinin dışavurumu ve ifadesidir. Düşünce araç olarak sözcükleri yani dili kullanır. Dil, beynimizdeki fikirlerle ve insanların zihinleriyle-beyinleriyle ilişki kurmamızı sağlayan semboller sistemidir. Dil ve düşünce, yaşantıdan kaçınma ve düşünceyi gerçek olarak görme (bilişsel kaynaşma / fusion) yoluyla aynı zamanda insanın çektiği ruhsal sıkıntıların da doğrudan kaynağıdır.

Bu durumu depresyonda da görebiliriz. Depresyonu olan kişiler tipik olarak olumsuza eğilimli bir şekilde düşünürler. Kendilerine ("Ben hiç iyi değilim"), dünyaya ("Yaşamın anlamı yok") ve geleceğe ("Hep böyle hissedeceğim") olumsuz bakarlar.

Depresyonda görülen bu türden olumsuz düşüncelerin birkaç özelliği vardır:

- *Otomatik ve istemsizdir:* Yani kendiliğinden, siz herhangi bir çaba göstermeden zihninize gelirler.
- *Uygunsuzdur:* Gerçeğin oldukça eksik bir resmini yansıtırlar, gerçekliğe pek uygun değillerdir.
- *Yararsızdır:* Olumlu ve üretken sonuçlar sağlamadıkları gibi sizi hedeflerinizden de uzaklaştırırlar. Sizi çökkün tu-

tarlar, değişimi güçleştirirler ve yaşamdan istediğiniz şeyleri almaktan alıkoyarlar.

- *Makul görünürler:* Bu düşünceleri gerçek kabul edersiniz ve doğruluklarını sorgulamazsınız.

Bu türden olumsuz düşünceler sizi bir kısır döngüye sokar. Daha çökkün, karamsar hâle geldikçe daha fazla olumsuz düşünce üretir ve bunlara daha fazla inanırsınız. Daha fazla inandıkça da daha çökkün hâle gelirsiniz. Depresyona ilişkin bilişsel müdahalelerin ana amacı bu kısır döngüyü kırmanıza yardımcı olmaktır.

Depresyon, İnançlar ve Düşüncelerimiz Arasındaki İlişki

Olumsuz düşüncelerinizin duygularınıza ve davranışınıza olan etkilerini muhtemelen siz de fark etmişsinizdir.

İnsanın sahip olduğu gelişmiş düşünce aygıtı, ortamı-olayları tanımlama ("Bugün hava bulutlu"), anlamlandırma ("Mart ayında olduğumuz için hava bulutlu") ve olacakları öngörme ("Bugün yağmur yağabilir") gibi özelliklere sahiptir.

Düşüncenin bu özellikleri dış dünyada yani maddi âlemde evreni, nesneleri tanımlarken, incelerken ve haklarında öngörülerde bulunurken oldukça başarılı sonuçlar vermiş ve şu anda içinde bulunduğumuz uygarlık ortaya çıkmıştır. Örneğin, havaya bırakılan bir cisim yere düşer. Bu hemen her ortamda aynı şekilde sonuçlanır. Bilim bu cismin hangi hızda nereye düşeceğini başarılı bir şekilde öngörebilir. Bizler de o kadar incelikli şekilde olmasa da, bir cismin bırakıldığında yere düşeceğini kabaca biliriz.

İş bizim iç dünyamıza ve ilişkilerimize geldiğindeyse düşüncenin bu tanımlama, anlamlandırma ve öngörme özelliği çok iyi sonuçlar vermeyebilir. Çünkü bu alanda kendi kişisel yaşantımızla öğrendiğimiz bazı şeyler eğer hayatın geneline uygun değilse bize sorun yaşatabilir.

Örneğin çocukluk dönemimizde önem verdiğimiz bir kişiyi kaybettiysek, sonrasında o kişinin yeri dolmadıysa ve bu durum hayatımızda büyük bir değişikliğe yol açtıysa, dünyanın sevdiğimiz kişileri aniden ve dönüşsüz bir şekilde kaybedebileceğimiz, yoksunluk dolu bir yer olduğuna inanırız. Bu inanç ister istemez yaşamımızı etkiler. Böyle bir kayıp yaşamamış veya kaybı çevresindekilerce telafi edilmiş biri ise, dünyanın kayıplar yaşansa da bunun telafi edilebildiği bir yer olduğuna inanır. Bu inanç da benzer biçimde kişinin daha sonraki yaşantısını etkiler.

Yani herkes havaya bırakılan bir cismin yere düşeceğine inanırken, insan ilişkilerindeki kayıp durumları söz konusu olduğunda inançlara, geçmiş yaşantılara ve tecrübeye göre farklılaşır iş.

Kişinin kendisiyle, insanlarla veya dünyayla ilgili genel anlamda olumsuz inanç ve beklentilere sahip olması ise zihinsel açıdan depresyona yatkınlığa yol açabilir.

Gerçekçi, Uygun ve Yararlı Düşünme

Şimdi sıra düşüncenin depresyonu sürdürücü değil de, azaltıcı yönde etki etmesi için ne yapabileceğimize geldi. Hedefimiz, düşüncelerinizin daha gerçekçi, uygun ve yararlı hâle gelmesi.

İdrak etmemiz gereken ilk şey düşüncenin bir araç olduğu. Düşünce bizim yöneticimiz değil; sahip olduğumuz bir özellik.

Bununla ne kastettiğimi küçük bir pratik yaparak netleştirelim: Şimdi kitabı bırakıp arkanıza yaslanın, gözlerinizi kapatın ve zihninizi gözlemleyin. Zihninizi gözlemlerken herhangi bir düşünceniz olursa bunu fark etmeye çalışmanızı istiyorum. Gözünüzü kapatıp başlayabilirsiniz...

Evet, zihninize gelen ilk düşünce ne oldu?

"Bunu niye yapıyorum? Böyle bekleyince de aklıma hiçbir şey gelmiyor... Zihnim bomboş... Ne saçma bir deney bu!"

Buna benzer düşünceleriniz bile olmuş olabilir.

Peki, bu düşünceleri fark eden kimdi?

"Ben!" dediğinizi tahmin ediyorum.

Peki, hangi ben?

O sözcükleri-düşünceleri getiren *bene* "konuşan zihin", bunu fark eden *bene* de "gözlemleyen zihin" diyebiliriz.

Peki, hangisi idareyi ele almalı?

Konuşan zihinle gözlemleyen zihni bir televizyon gibi düşünün. Televizyon ekranındaki görüntüler, konuşmalar sürekli değişerek akar gider. Değişmeyen tek şeyse televizyonun kendisidir. İşte, düşüncelerimiz yani konuşan zihin o ekrandaki ses ve görüntüler gibidir, sürekli değişir. Bize hep bir şeyler söyler: "İyisin", "Kötüsün", "Başardın, oluyor", "Çok başarısızsın", "Yine olmadı" gibi. Peki, biz bu söylediklerinin hangisiyiz ya da söylediklerinin hangisi bizi mutlak bir biçimde tanımlar? Hiçbiri. Çünkü biz konuşan zihnimizin söyledikleri değiliz, tıpkı ekrandan akan sayısız görüntünün ve konuşmanın televizyonun kendisi olmaması veya bir aynanın yansıttıklarının aynanın kendisi olmaması gibi. Bizi biz yapan gözlemleyen zihnimiz ve yaşamdaki değerlerimizle ideallerimizdir. Konuşan zihin olayları tanımlayan, anlamlandıran, öngören bir aracımızdır ve bu görevini bazen iyi, bazen de maalesef kötü yapar. İdareyi ele alması gereken, gözlemleyen ve fark eden zihnimizdir.

Duygunun asli görevi ne istediğimizi göstermektir, demiştik. Düşüncenin asli görevi ise olan bitenleri tanımlama, anlamlandırma ve olacakları öngörme yoluyla yaşamdaki istek ve ideallerimize dönük davranışlar geliştirmemize yardımcı olmaktır. Eğer bir düşünce bizi yaşamdaki istek ve ideallerimize yaklaştıran davranışlar ve sonuçlar sağlıyorsa görevini yapıyor demektir. Aksi takdirde görevini yapmıyordur.

Bir önceki bölümde verdiğimiz Ayşe Hanım örneğini hatırlayın: Özellikle sabahları, "Yine kötüyüm. Bu hiç geçmeyecek.

Çok sıkıntılıyım. Bugün nasıl geçecek?" gibi düşüncelere kapılıp kendini mutsuz ve umutsuz hissediyordu. Eğer tatilse yataktan çıkmayarak mümkün olduğunca uyumaya çalışıyordu. Bu mutsuzluk ve umutsuzluk duyguları Ayşe Hanım'ın kendini ruhsal olarak iyi hissetmek ve mutlu olmak istediğini göstermektedir. Peki Ayşe Hanım'ın düşünceleri onun bu isteğine ya da hedefine ulaşmasına yardımcı olur mu? Hayır. Düşüncelerinin duygusal sonucu daha fazla mutsuzluk ve umutsuzluk, davranışsal sonucu ise yatmaya devam etmektir.

Bu tür düşüncelerimiz olduğunda bunların işlevine ve sonuçlarına bakmak yapmamız gereken ilk şeydir.

Düşüncenin İçeriğine Bakalım

Düşüncenin içeriği dediğimizde, olan bitenleri tanımlama, anlamlandırma açısından o düşünceyi ele almayı kastediyoruz. Aslında bu doğrudan doğruya o düşüncenin işleviyle de ilişkilidir. Eğer düşünce gerçekçi ve uygun değilse, çoğu kere yararlı veya yardımcı da değildir.

Depresyonu olan kişiler hem olumsuz olayları -algılamadaki eğilimleri nedeniyle- daha çok fark ederler hem de olaylar üzerine olumsuz bir şekilde düşünürler. Bu olumsuz algıları fark etmek, yaşam ortamınıza daha gerçekçi ve bütüncül bakmak, olumsuz düşüncelerinizi gerçeklik ve diğer alternatifler ışığında yeniden değerlendirmek, yaşantınıza daha olumlu yaklaşmak ve sonra da bunları davranışlarla pekiştirmek bu düşünceleri değiştirmenin temel yoludur.

Bu düşüncelere dikkat ettiğinizde onları yakalamanın zor olmadığını görürsünüz. Asıl zorluk onları inceleme kısmındadır. Pratik yaptıkça düşünceleri daha çabuk değerlendirmeyi ve gerçekçi, alternatif düşünceler bulmayı öğreneceksiniz.

Şimdi, bunu yapabilmek için gerekli olan adımları sırasıyla tanımlayalım.

Birinci Adım: Olumsuz Düşüncelerin Farkına Varmaya Başlamak

Bir ev kadını olan Raziye Hanım birkaç gündür hiçbir arkadaşının telefon etmemesi yüzünden üzüntü ve keder hissetmekte, arkadaşları tarafından ihmal edildiğini düşünmektedir.

Bu düşüncesini doğru kabul eden ve bununla ilgili bir inceleme yapmadan arkadaşlarının kendisine önem vermediği sonucuna ulaşan Raziye Hanım, birkaç gün sonra telefonla arayan bir arkadaşından Ayşe'nin hastanede yatmakta olduğunu, Mine'nin şehir dışına çıktığını, Fatma'nın ise zaten yakınlarda onu arayıp ulaşamamış olduğunu öğrenir.

Bunu öğrendiğinde duygusal durumu olumlu yönde değişir. "Herkes beni ihmal ediyor," biçimindeki olumsuz düşüncesinin duruma uygun bir açıklama olmadığını fark eder. Öyle düşünmek yerine, aslında arkadaşlarının onu ihmal etmediği, kendi durumları nedeniyle onu arayamadıkları biçiminde bir yorum yapar. Bu yeni ve daha gerçekçi açıklama duygu durumunu değiştirip kendini daha iyi hissetmeye başlamasına yardımcı olur.

Düşünce incelemek, olumsuz duygular yaşadığımızda buna eşlik eden düşüncelerin sadece bir düşünce olduğuna, gerçek olmadığına, zihnimizde olup bittiğine, onları tetikleyen olay ve durumları belki de iyi bir şekilde tanımlamadıklarına, dikkatli ve kapsamlı bir yeniden değerlendirmeyle yaşadığımız olay veya içinde bulunduğumuz durumla ilgili daha gerçekçi, duruma daha uygun ve işe yarar düşünceler bulabileceğimize dayanır.

Sizi duygusal olarak kötü etkilemiş bir durum üzerine dikkatlice düşünürseniz sorunun dört parçadan meydana geldiğini çıkarabilirsiniz:

A. Olan biten şey veya içinde bulunduğunuz durum
B. O sıradaki düşünceleriniz
C. O anda yaşadığınız duygular
Ç. Ve son olarak, yaptıklarınız yani davranışlarınız ve konuşmalarınız.

Çoğu insan normal olarak sadece olan bitenin, duygu ve davranışlarının farkındadır.

Olayı yaşarken veya sonrasında zihninizde ortaya çıkan anlık düşüncelerle ilgili inceleme yaparken sizin için üzerinde çalışılmaya değer bir durum olduğuna işaret eden sinyal noktası, olumsuz duygunuz ve/veya davranışınız olacaktır. Bunlar değişmesini istediğiniz ve depresyonunuzu sürdüren üzüntü, suçluluk, kaygı gibi duygular veya kaçınma, yataktan çıkmama gibi davranışlardır.

Bu düşünceler az önce meydana gelmiş bir olaya karşı "otomatik" tepkiniz de olabilir: Arkadaşınızın söylediği bir söz, günü geçtiği halde ödemediğinizi son anda fark ettiğiniz bir taksit, birden bastıran mide ağrısı, olumsuz bir anıyı hatırlamak buna yol açabilir.

Düşünce inceleme tekniğini geliştiren ve ruhsal rahatsızlıkların tedavisinde kullanan Bilişsel Terapi, olay yaşanırken hissedilen duygunun ve yapılan davranışın o an zihinde olup bitenlerle (yani düşüncelerle) bağlantılı olduğunu, düşüncelerle daha iyi açıklanabileceğini savunur. Duygusal sıkıntı anlarında zihinde olup bitenlerin en önemli kısmını olumsuz otomatik düşünceler oluşturur. Olumsuz düşünceyi yenmede ilk adım, düşüncelerinizin ve bunların size etkilerinin farkına varmaya başlamaktır.

Bu amaçla yapacağınız ilk şey, moralinizde bir değişiklik olduğunda veya kötüleştiğinizde kendinize, "Şu anda zihnimden neler geçiyor?" diye sormak. Olumsuz düşünceler duygularınızı etkileyebilir ve kendinizi kötü, kaygılı, kederli, çökkün, umutsuz, suçlu, kızgın hissetmenizle ilişkili olabilir. Bu duyguların altında ezilmek yerine, onları harekete geçmek için bir işaret olarak kullanmayı öğrenebilirsiniz.

Bedenimizdeki organların nasıl ki gerekli işlevleri varsa, ruhsal özelliklerimizden olan olumlu ve olumsuz duyguların da bir işlevi var; hepsi normal ve gerekli. Örneğin, üzüntü bir kayıp durumunun, suçluluk kendimize uygun olmayan bir şey yaptığımızın, korku ve kaygı ise tehlike altında olduğumuzun işaretidir. Ancak bütün işaret sistemleri gibi duygular da bazen o işareti gerektiren bir durum olmadan ortaya çıkabilir, gereğinden fazla yoğun ve uzun sürebilir. Duygularımızı, dış dünyadaki ve kendi içimizdeki olaylarla bu olayları algılayıp değerlendiren düşünce sistemimiz harekete geçirir. Bu değerlendirme sistemi gereğinden fazla duyarlı hâle geldiğinde ise sorunlar yaşarız. Tıpkı ayarı hassas bir alarm sisteminin zararsız bir durumda bile alarm vermesi gibi, ortada bir kayıp yokken ya da aslında alt edebileceğimiz boyutta bir kayıp söz konusuyken, sanki çok ağır ve dönüşsüz bir kayıp varmışçasına yoğun üzüntü duyabiliriz.

Bu nedenle öncelikle moralinizde kötüleşme olduğu zamanlara dikkat edin ve o anda zihninizden ne geçtiğine bakın. Orada yakalayacağınız olumsuz otomatik düşünceler doğrudan duygularınızla bağlantılıdır.

Olumsuz düşüncelerin farkına varmanın en iyi yolu, onları ortaya çıkar çıkmaz yazmaktır. Bunu kendi geliştirdiğim "Olumsuz Duygu-Düşünce-İstek Kayıt Formu" üzerinde yapabilirsiniz. Düşünceyi daha iyi hatırlayabilmek için öncelikle o an yaşadığınız durumu veya olayı Olumsuz Duygu-Düşünce-İstek Kayıt Formu'na yazın ve o olayı / durumu zihninizde canlandırarak aklınızdan geçenleri bulmaya çalışın.

Formdaki ilk sütuna olumsuz duyguyu yaşadığınız tarih ve saati yazın. Bunu yazmanızdaki amaç, o durumu daha iyi hatırlamanıza yardımcı olması.

İkinci sütuna ise düşüncenizi daha iyi hatırlayabilmek için öncelikle o an yaşadığınız durumu veya olayı yazın.

"Düşünceler" kısmına kendinizi kötü hissetmeye başladığınızda zihninizden hangi düşüncelerin geçtiğini yazın. Bunları mümkün olduğunca tam olarak, sözcük sözcük kaydetmeye çalışın. Bazı düşünceleriniz zihin gözünüzde sözcükler yerine imge biçimini alabilir. Örneğin kendinizi gelecekte baş edemediğiniz bir durumun içinde hayal edebilirsiniz. İmgeyi tam olarak gördüğünüz şekilde yazın. Bazen duygularımızda olumsuz değişikliği fark ettiğimiz anda zihnimizde olumsuz bir düşünce bulamayabiliriz. Bu durumda olumsuz düşünceniz ve duygunuz daha önce başlayıp giderek yoğunlaşmış olabilir. Belki son bir saat içinde veya birkaç dakika önce olan bir olaya tepki olarak bir şeyler düşünmüş olabilirsiniz. Veya geçmişteki olumsuz olayların, örneğin insanların önünde "küçük düştüğünüzün" hayali canlanmış olabilir zihninizde. Bunları tam olarak gördüğünüz şekilde yazın.

Bütün bunlara rağmen herhangi bir düşünceyi veya imgeyi saptayamadığınız durumlar da olacaktır. Eğer böyle olursa, kendinize ortamın anlamını sorun: Bu olay ya da durum sizinle, durumunuzla ve geleceğinizle ilgili ne söylüyor? Bu soru, durumun sizin için niye çöküntü yaratıcı olduğu veya sizi kaygılı, kızgın vb. yapanın ne olduğuyla ilgili ipucu verecektir. Örneğin bir tartışma, sizin için bir ilişkinin sonlanması veya herhangi biriyle düzgün bir ilişki kuramayacağınız anlamına gelebilir.

Formun "Duygu-Bedensel Tepkiler" sütununa olayı ve durumu yaşarken hissettiğiniz (hüzün, korku, öfke, endişe, kaygı, utanç, panik, şaşkınlık, suçluluk, kırgınlık vb.) bütün duyguları yazın. Ve her duygunuza sıfırdan 100'e kadar puan verin. Sıfır puan hiçbir olumsuz duygunuz olmadığı ya da hayatta kendinizi en iyi hissettiğiniz durum olduğu anlamına gelir. 50 puan orta derecede bir duyguyu ifade ede. 100 ise o duygunun hayatta o ana kadar yaşadığınız ya da yaşayabileceğiniz en şiddetli hâlini yansıtır.

"Davranışlar-Konuşmalarım" kısmına o olay veya durum sırasında ne yaptığınızı veya olayın nasıl sona erdiğini yazın. Yani kaydettiğiniz duyguları yaşarken ya da sonrasında ne yaptınız, ne söylediniz? Ve eğer yaşadığınız şey bir olaysa, bu olayın sonucunda ne yaptınız, olay nasıl sona erdi?

Bunun hemen altına ise yaşadığınız duygunun işaret ettiği istek ve idealinizi yazın. Bu kısım, ileride düşüncenizi değerlendirmeniz açısından çok önem taşır.

Sıradaki ilk form, kitabın en başında öyküsünü verdiğimiz Ahmet Bey'in başından geçen bir durumu yansıtıyor.

Ahmet Bey alışveriş yaparken, epeydir görmediği bir arkadaşıyla karşılaşınca kendini olduğundan da kötü ve üzüntülü hisseder. Arkadaşıyla konuşurken, "O ne kadar iyi ve sağlıklı görünüyor, bense hâlâ olduğum yerde sayıyorum!" diye düşünür. Sohbeti kısa kesmeye çalışır ve konuşmaları biter bitmez marketten ayrılır. Yaşadığı duygu üzerinde sonradan düşündüğünde, o üzüntünün, ruhsal olarak iyi olmak ve yaşamını üretken bir şekilde geçirmek isteğine işaret ettiğini bulur.

Ahmet Bey'in Olumsuz Duygu-Düşünce-İstek Kaydı*

Tarih-Yer	Olay-Durum	Düşünceler	Duygu-Bedensel Tepkiler	Davranışlar-Konuşmalarım
Sizi rahatsız eden olayı veya durumu yaşadığınız tarih, yaklaşık saat ve yer.	Sizi rahatsız eden olay ya da durumu yazın. Olayı veya durumu mümkün olduğunca yorum katmadan yazmaya çalışın. O anda, o ortamda bir video kamera olsaydı neyi gösterirdi, bunu düşünerek yazın.	Bu durumu ya da olayı yaşarken en yoğun biçimde sıkıntı duyduğunuz anda aklınızdan ne geçiyordu? Kendi kendinize neler söylüyordunuz? O anda zihninizde canlanan herhangi bir hayal var mıydı? Bunları bulmakta zorlanırsanız o olayı veya durumu zihninizde canlandırıp tekrar yaşamaya ve o an aklınızdan geçenleri yakalamaya çalışın.	Bu olay ya da durumu yaşarken neler hissettiniz, duygunuz neydi? Korku, panik, öfke, kızgınlık, üzüntü, keder, karamsarlık, utanç, suçluluk, şaşkınlık, kıskançlık gibi. Bu duygunun yoğunluğu neydi? 0-100 arasında şiddetini puanlayın. *(0: Hiçbir olumsuz duygu yok / 10-20: Çok hafif, önemsiz sıkıntı / 50: Orta şiddette sıkıntı / 60-70: Oldukça sıkıntılı / 80-90: Çok şiddetli sıkıntı / 100: Hayatta o ana kadar yaşadığınız ya da yaşayabileceğiniz en şiddetli sıkıntı.)* Bu sırada hangi bedensel tepkileriniz oldu? (Çarpıntı, nefes darlığı, göğüste baskı, sıcaklık vb.)	Bu duyguyu yaşarken ya da sonrasında ne yaptınız, ne söylediniz? Eğer bu bir olaysa, sonucunda ne yaptınız, olay nasıl sona erdi? **İsteklerim** Bu duygu benim hangi istek, değer veya idealime işaret ediyor?
25.02.2020 Saat 14:30 Market	*Alışveriş yaparken, epeydir görmediğim bir arkadaşımla karşılaşma.*	*O ne kadar iyi ve sağlıklı görünüyor, bense hâlâ olduğum yerde sayıyorum!*	*Üzüntü (90)* *Göğüste baskı, boğazda düğümlenme.*	*Konuşmayı kısa kesmeye çalıştım ve oradan hemen uzaklaştım.* ***İstek:** Ben ruhsal olarak iyi olmak ve yaşamını üretken bir şekilde geçirmek isteyen biriyim.*

* Geliştiren Mehmet Hakan Türkçapar, 2017. Kaynak belirterek kullanılabilir.

Alıştırma 1: Şimdi siz de kendiniz için aynı şekilde bir form doldurun. Formu doldurmadan önce, formu doldurma süreciniz ve bunun sonuçlarıyla ilgili tahminlerinizi ("Yapamayacağım, kendimi daha da kötü hissedeceğim" gibi) bir kenara not edin. Sizi rahatsız eden korku, üzüntü, kızgınlık gibi olumsuz bir duygu yaşadığınızda, mümkün olduğunca kısa bir süre sonra bu durumu forma kaydetmeye çalışın.

Olumsuz Duygu-Düşünce-İstek Kayıt Formu (1/5)

Tarih-Yer: Sizi rahatsız eden olayı veya durumu yaşadığınız tarih, yaklaşık saat ve yer.

Olumsuz Duygu-Düşünce-İstek Kayıt Formu (2/5)

Olay-Durum: Sizi rahatsız eden olay ya da durumu yazın. Olayı veya durumu mümkün olduğunca yorum katmadan yazmaya çalışın. O anda, o ortamda bir video kamera olsaydı neyi gösterirdi, bunu düşünerek yazın.

Olumsuz Duygu-Düşünce-İstek Kayıt Formu (3/5)

Düşünceler: Bu durumu ya da olayı yaşarken en yoğun biçimde sıkıntı duyduğunuz anda aklınızdan ne geçiyordu? Kendi kendinize neler söylüyordunuz? O anda zihninizde canlanan herhangi bir hayal var mıydı? Bunları bulmakta zorlanırsanız o olayı veya durumu zihninizde canlandırıp tekrar yaşamaya ve o an aklınızdan geçenleri yakalamaya çalışın.

Olumsuz Duygu-Düşünce-İstek Kayıt Formu (4/5)

Duygu-Bedensel Tepkiler: Bu olay ya da durumu yaşarken neler hissettiniz, duygunuz neydi? Korku, panik, öfke, kızgınlık, üzüntü, keder, karamsarlık, utanç, suçluluk, şaşkınlık, kıskançlık gibi. Bu duygunun yoğunluğu neydi? 0-100 arasında şiddetini puanlayın. (0: Hiçbir olumsuz duygu yok / 10-20: Çok hafif, önemsiz sıkıntı / 50: Orta şiddette sıkıntı / 60-70: Oldukça sıkıntılı / 80-90: Çok şiddetli sıkıntı / 100: Hayatta o ana kadar yaşadığınız ya da yaşayabileceğiniz en şiddetli sıkıntı.) Bu sırada hangi bedensel tepkileriniz oldu? (Çarpıntı, nefes darlığı, göğüste baskı, sıcaklık vb.)

Olumsuz Duygu-Düşünce-İstek Kayıt Formu (5/5)

Davranışlar-Konuşmalarım: Bu duyguyu yaşarken ya da sonrasında ne yaptınız, ne söylediniz? Eğer bu bir olaysa, sonucunda ne yaptınız, olay nasıl sona erdi?

İsteklerim: *Bu duygu benim hangi istek, değer vcya idealime işaret ediyor?*

Değerlendirme Soruları

1. *Bu formu doldurmak sizi nasıl etkiledi?*

....

....

....

2. *Duygusal etkisi ne oldu?*

....

....

....

3. *Davranışsal etkisi oldu mu?*

....

....

....

4. *Formu doldurmak konusundaki tahminlerinizle formu doldurduktan sonra olanlar birbiriyle uyumlu mu? Farklıysa hangi tahminleriniz tutmadı?*

....

....

....

5. *Yeni ne fark ettiniz?*

....

....

....

İkinci Adım: Olumsuz Düşünceleri İnceleme

Olumsuz düşüncenin farkına varmayı öğrendikten sonraki adım, tanımladığınız düşünceleri incelemek ve daha işe yarar, gerçekçi alternatiflere bakmaktır.

Düşünme şeklinizi nasıl değiştirebilirsiniz?

Belli bir süredir olumsuz biçimde düşünmeye alışmanız sebebiyle için bunu değiştirmek için çok uygulama yapmanız gerekecektir. Ama bir kez gerçekçi biçimde düşünmeyi geliştirdiğinizde, bu, yaşamınıza büyük bir değişiklik getirecek.

Depresyon ve çöküntüyü davet eden düşüncelerle ilgili şunları anlamanız önemli:

Olumsuz düşünceler otomatik olmaya meyillidir. Gerçekliğe, mantığa veya uzun süreli çıkarımlara dayanmazlar; kendiliğinden zihne geliverirler.

Fakat bir düşüncenin aklınızdan geçmesi onun ille de gerçeği yansıttığı anlamına gelmez. Ona uygun davranmanız şart değildir. Kendinizle ilgili düşündükleriniz, kendinize ilişkin gerçekle her zaman aynı değildir.

Bu düşünceler gerçeklikten çok, çökkün bireylerin kişisel inançlarına dayanır. Olumsuz otomatik düşünceler gerçeklikle tam uyuşmadığı gibi, çoğunlukla mantık dışıdır ve hiçbir amaca hizmet etmezler. Kendinizi kötü hissetmenize yol açarlar ve yaşamda gerçekten elde etmek istediğiniz şeylere ulaşmanızı engellerler. Eğer olumsuz otomatik düşüncelerinizi dikkatli bir biçimde gözden geçirirseniz, muhtemelen doğru olmayan sonuçlar çıkardığınızı bulursunuz. Psikoterapistiniz varsa, bu konuda sizinle beraber çalışarak olumsuz düşüncelerinizin gerçeğe ne kadar uygun olup olmadığını gösterecektir.

Bu düşünceler pek mantıklı olmasalar da, ortaya çıktıkları anda size çok makulmüş gibi görünürler. Sanki, "Telefon çalıyor, cevap vermeliyim," şeklinde gerçekçi bir düşünceymişçesine mantıklı ve geçerli sanılırlar.

Bu olumsuz düşüncelere ne kadar fazla inanırsanız, yani onları ne kadar gerçek kabul ederseniz, kendinizi de o kadar kötü hissedersiniz. Bu düşüncelere kendinizi kaptırdıkça, her şeyi olumsuz bir biçimde yorumlamaya başlarsınız. **Doğası gereği yaşamda saf, yüzde yüz olumlu ya da yüzde yüz olumsuz bir şey olmadığı için, olumsuza odaklandığınızda hemen her şeyde olumsuzluğu bulursunuz. Aynı nedenle, yani içerisinde gerçeklikten de bir parça taşıdığından, olumsuz düşünceleriniz size gerçeğin kendisi gibi gelir.**

Olumsuzluk yaşamın gerçek bir parçasıdır ama hiçbir şey tamamıyla olumsuz değildir. Her şey umutsuz göründüğünde, giderek artan bir şekilde her şeyden elinizi eteğinizi çekersiniz. Bu daha az olumsuzluk yaşamak için bulduğunuz bir korunma önlemidir. Ama bedeli ağır olur çünkü olumsuzluktan kaçayım derken, olumlu yaşantılardan da kaçmış olursunuz. Her şeyi bırakmanın bir diğer zararı yaşam kalitesinin düşmesi ve bunun kişi tarafından yaşamın kötü, kendisininse başarısız olduğuna dair bir başka kanıt sayılmasıdır.

Bu kitaptaki çalışmaları yaptıkça, tuttuğunuz kayıtlarda aynı veya benzer düşüncelerin tekrar tekrar çıktığını bulabilirsiniz. Bir süre sonra duygularınızdaki değişiklikleri ve bunları ateşleyen düşünceleri daha iyi fark etmeye başlayacaksınız.

Birçok çökkün kişi, içinde bulunduğu koşulların zorluğu ve yaşadığı sorunlar karşısında kendini kederli hissetmenin son derece doğal olduğuna inanır. Evet, duygularınızın yaşadıklarınızla elbette bir bağlantısı vardır. Bilişsel Terapi'de yapmaya çalıştığımız şey olaylarla ya da yaşanan durumla orantısız, kişiye zarar veren ve sorunu çözmeyen olumsuz duyguları azaltmaktır. Bu tür nitelikler taşıyan duyguların arkasında olaylardan çok, kişinin değerlendirme sistemi yatar. Gerçekte, duygularımızla ilgili son sözü, başımıza gelenlerle ilgili ne düşündüğümüz ve olanları nasıl yorumladığımız söyler.

Üzerinde çalıştıkça muhtemelen bu düşüncelerinizin çok olumsuz olduğunu ve onlara büyük ölçüde inandığınızı bulacaksınız. Diyelim ki, eşiniz yaş gününüzü unuttu. Kendinizi incinmiş, hayal kırıklığına uğramış, kederli hisseder ve eşinize de bu duygularınız doğrultusunda davranırsınız; duygunuzun ve davranışınızın nedeni olarak eşinizin yaş gününüzü unutmasını görürsünüz. Oysa hissettiğiniz kırgınlığın veya diğer duyguların asıl belirleyicisi bu olaya atfettiğiniz anlamdır. Yani eşinizin yaş gününüzü unutmuş olmasından çok, bu unutmanın sizin için taşıdığı anlam ("Bana önem vermiyor, beni sevmiyor, değersizim" vb.) sizi mutsuz eder. "Eşimin yaş günümü unutması beni artık sevmediği anlamına gelir. Onun için değersizim," deyip ardından da onun sevgisi ve size verdiği değer olmaksızın asla mutlu olamayacağınızı düşünebilirsiniz. Oysa bu olayın başka nedenleri de olabilir. Örneğin, eşiniz o sıralar kafası çok meşgul olduğundan ya da yaş günlerine sizin kadar önem vermediğinden unutmuş olabilir. Olayın kendisi yüzünden değil, kendiliğinden ortaya çıkan, sadece belli bir değerlendirmeye dayanan ve belki de gerçek verilerin desteklemediği sonuçlar çıkardığınız için ıstırap çekiyor olabilirsiniz. Bu nedenle, bu tür düşünceleri daha gerçekçi olanlarla değiştirdiğinizde sadece yaşamı daha gerçekçi değerlendirmekle kalmayıp kendinizi de daha iyi hissetmeye başlarsınız.

Düşünme Biçimini ve Özelliklerini Saptama

Bilgi işleme insan zihninin gerçekleştirdiği en önemli etkinliklerden biridir. Dış ve iç gerçeklikten algıladıklarımızı büyük çoğunlukla işleyerek anlam ve yorum üretiriz. Düşüncemizle olan bitenleri tanımlar, anlamlandırır, tahmin ederiz. Zihnimiz çevreyi ve olan bitenleri değerlendirirken çeşitli yöntemler (benzetme, genelleme, öngörme, ayırma, gruplama, vb.) kullanır. Bunlar bizim yaşadığımız ortamı, olayları daha hızlı değerlendirerek gerekenleri daha çabuk yapmamızı sağlayan kısa yollar gibidir. Dünyayı değerlendirme ve ona tepki verme hızımızı artırırlar. Ama bu hızlı işleme bazen hatalı sonuçlara ulaşmamıza yol açabilir. Bu işlemler çoğu kere yararlı sonuçlar (anlamlandırma, yorum ve değerlendirmeler) üretirken bazen de bizim için sorun olabilecek sonuçlar ortaya çıkarabilirler. Özellikle de duygusal yönden sıkıntı yaşadığımız durumlarda bizim için sorun oluşturabilecek şekilde değerlendirmeler yapma sıklığımız artar. Psikolojik sorunlarla uğraşan bilişsel terapistler bu bilgi işleme süreçlerinin gündelik yaşamda görülen örneklerini tanımlayarak bunlara çeşitli adlar vermişlerdir. Aşağıda bunların başlıcalarını ve örneklerini bulacaksınız. Düşünceleri incelerken ilk yapacağınız şey, o düşünceyi oluşturan bilgi işleme biçimini belirlemektir.

Bununla neyi kastettiğimizi bir örnekle açıklayalım: Size, "Göğsünüz ağrıyorsa bu neden olabilir?" diye sorsam, aklınıza ilk gelen yanıt "Kalp krizi geçiriyorumdur" veya "Hasta olduğum içindir," olursa bu sizin bilgiyi "felaketleştirme" adını verdiğimiz biçimde işlediğiniz anlamına gelebilir.

Düşüncenizi saptadıktan sonra ilk yapacağınız şey bu düşüncenin hangi işleme biçimine uyduğunu bulmak olsun. Bu, işleme biçiminizin muhakkak uygunsuz olduğu anlamına gelmez ama depresyondayken bilgiyi büyük ölçüde kendi ruh durumumuza uygun olarak olumsuz yönde bir yanlılık gösteren şekilde işleriz.

Düşünce İşleyiş Özellikleri Listesi

1) ***Keyfi çıkarsama:*** Kişinin yaşantılarında o sonucu destekleyen herhangi bir kanıt olmaksızın ya da aksi yönde kanıt olmasına karşın kanıtlarla ilgisiz veya bunların tam tersi bir sonuç çıkarması. Örneğin, arkadaşının olumlu ve destekleyici sözlerini ilgi yerine acıma belirtisi olarak gören kişinin, "Bana acıdığı için ilgileniyor," "Benimle ilgilendiğinden değil, işi olduğu için arıyor" ya da "Benim zayıf olduğumu biliyor, teselli için böyle söylüyor," diye düşünüp arkadaşının ona söylediklerinin gerçek düşünceleri olmadığı yorumunu yapması. Amiri tara-

fından çok iyi çalıştığı için övüldükten sonra akşam mesaiye kalmasına gerek olmadığı belirtilen kişinin, "Benim çalışmamdan memnun değil," diye düşünmesi. Dikkat ettiyseniz, verilen örneklerde kişiler görünürde olumsuz sonuçlara ulaşmaya yol açacak hiçbir şey olmamasına karşın o sonuçları çıkarmaktadır. Bu tür düşünce işleme biçimine keyfi çıkarsama denmesinin nedeni budur.

2) ***Seçici soyutlama (Zihinsel filtreleme):*** Belli bir ortamın ya da bağlamın genelini yok farz ederek seçilen bir detayı öne çıkartmak, durumun daha belirgin yönlerini göz ardı edip bütün olayı bu ayrıntıyla tanımlamak. Örneğin, yaptığı bir konuşma birçok kişi tarafından beğenilen kişinin, konuşmayı dinleyen ancak eleştiren bir arkadaşını sürekli düşünerek kendini kötü hissetmesi. Beğenerek tuttuğumuz yeni evde musluklardan birinin arıza yapması üzerine bu evi tutmakla büyük bir hata yaptığımız sonucuna vararak sürekli aynı aksaklığı düşünmek.

3) ***"Hep ya da hiç" biçiminde düşünme ("Siyah ya da beyaz" biçiminde veya ikili düşünme):*** Her türlü deneyim ve yaşantının iki aşırı uçtan birisi gibi değerlendirilmesi. Bir şey ya tam olmuştur ya da yoktur; bu iki uç arasında yer alan noktalar görülmez. Örneğin, yaptığı işte ufak bir hatası olan birinin "Eğer mükemmel değilsem başarısızım" diye düşünmesi. İlişkileri oldukça iyi olmasına karşın arkadaşının "İşleri geciktiriyorsun" demesi üzerine kişinin "Beni eleştiriyorsa sevmiyor demektir" diye düşünmesi.

4) ***Felaketleştirme (Geleceği okuma):*** Olması muhtemel diğer sonuçları hesaba katmaksızın geleceği hep olumsuz olarak öngörme. Örneğin, okuduğu bir konuyu anlayamayan kişinin "Bunu öğrenemeyeceğim" diye düşünmesi. Kendini kötü hisseden birinin, "Çok kötüyüm. Hiç düzelmeyeceğim," diye

düşünmesi. Üzerine aldığı işi bitiremeyen birinin "İşi yetiştiremedim, beni kovacaklar" diye düşünmesi. Ya da konuşurken zaman zaman heyecanlanan birinin "Heyecandan tek bir kelime bile edemeyeceğim," diye düşünmesi.

5) ***Duygusal çıkarsama:*** Tersine kanıtlar olmasına rağmen kişinin bunları yok sayarak ya da ihmal ederek sadece öyle hissettiği -aslında inandığı- için bir şeyin doğru olduğuna inanması. Örneğin, "Yaptığım bazı şeyler var ama öyle hissediyorum ki ben başarısız biriyim» diye düşünmesi.

6) ***Etiketleme:*** Çıkarılabilecek daha makul ya da gerçekçi sonuçlar olmasına karşın kişinin kendine veya başkalarına genel etiketler yapıştırması. Örneğin, hata yapan birinin "Ben aptalım" diye düşünmesi. Kendisine kızan bir arkadaşı için kişinin "O nankör biri" diye düşünmesi. Arkadaşı randevusuna geciken birinin "Randevuya geç kaldı" diye düşünmek yerine "Arkadaşım sorumsuz ve lakayıt biri" diye düşünmesi. Yani davranışını baz almaktansa, kişiyi sorumlu görmek.

7) ***Küçümseme veya büyütme:*** Bir şeyi olduğundan çok büyük veya çok küçük görmek. Bu düşünce hatasında kişi yaptığı işleri küçümseyip değersizleştirirken, hatalarını veya hatalı olarak değerlendirdiği davranışlarını abartır. Büyütmeye örnek: "Bu yazılıdan 70 aldım, çok kötü bir not!" Küçümsemeye örnek: "70'i herkes alabilir, bu bir başarı değil" ya da "Okulu bitirdim ama sadece şans eseri."

8) ***Zihin okuma:*** Karşımızdakinin düşüncelerini okuduğumuza inanmak. Örneğin: "Gelmediğine göre beni beğenmedi", "Aramadı çünkü benim önemli olmadığımı düşünüyor", "Beni enayi sanıyor" vb.

9) ***Aşırı genelleme:*** Kişinin bir veya birkaç olaya bağlı olarak tüm durumları kapsayan sonuçlar çıkarması. Örneğin, sev-

gilisinden ayrılan birinin "Benimle hiç kimse ilgilenmeyecek ve beni hiç kimse sevmeyecek" sonucuna varması. Kendisine "Seni bu konuda haksız buluyorum" denen kişinin "Kimse beni desteklemiyor" diye düşünmesi.

10) ***Kişiselleştirme:*** Her şeyi kendimizle ilgili görmek. Kişinin kendiyle ilgili olmayan veya çok az ilgisi olan bir olayı kendiyle bağlantılı görmesi. Örneğin, çocuğu kötü not alan bir annenin "Ben kötü bir anneyim, onun için bu oldu" sonucuna ulaşması. Ya da toplantıya birisi gelmediğinde "Ben varım diye gelmedi" şeklinde düşünmek.

11) ***"-meli / -malı" ifadeleri:*** Kişinin kendisinin veya başkalarının nasıl davranması gerektiği konusunda sabit fikirleri olması ve bunların gerçekleşmemesi hâlinde doğacak kötü sonuçları abartması. Örneğin, "Hiç hata yapmamalıyım" ya da "Verdiği sözü tutmalıydı" şeklinde düşünmek.

12) ***Ya olursa:*** Kişinin kendine sürekli "Ya olursa?" sorusunu sorması ve verdiği cevaplarla tatmin olmaması. Örneğin, "Ya sınavda kalırsam?", "Ya araba kaza yaparsa?", "Ya ilaç yan etki yaparsa?" vb.

Belli bir otomatik düşüncenizi, bu düşünce özelliklerinden hangisini veya hangilerini içerdiği açısından inceleyin. Bir düşüncede birden fazla düşünce işleyiş özelliği olabileceğini unutmayın. Örneğin, kişi arkadaşının olumlu ve destekleyici sözlerini ilgi yerine acıma belirtisi olarak görüp "Bana acıdığı için ilgileniyor" diye düşündüğünde, hem keyfi çıkarsama hem de zihin okuma düşünce işleyiş özellikleri bir aradadır.

Düşünce İşleme Biçimimizi Ele Alma

Depresyondaki kişiler yaşantılarını değerlendirirken olumsuz yönde yanlılık yaparlar. Listesini verdiğimiz düşünce biçimlerini kullanarak hatalı ya da eksik sonuçlara ulaşabilirler. Bunun altında depresyonun bilgi işleme biçimini olumsuz yönde etkilemesi yatar. Depresif kişi her yeni yaşam fırsatında öncelikle potansiyel kayıpları öngördüğü için yeni girişimde bulunmak istemez. Yaptığı şeylerdeki eksiklik ve hataları görmeye yatkın olduğu için kendini başarısız hisseder. Az sayıda kanıt ve veriyle kesinlikle inandığı olumsuz sonuçlara kolayca ulaşır. Çok özel, tekil şeyleri geneller. Kendi hatası olmayan şeyleri üstüne alır vb.

Bu düşünce özelliklerinden kendi düşüncenizde bulduklarınızı inceleyip alternatif sonuçlara ulaşmanıza yardımcı olacak bazı sorular var. Benzer düşüncelere sahip insanlarda işe yaradığı bulgulanmış sorular bunlar. Siz de bu soruları olumsuz düşüncelerinize daha gerçekçi alternatifler bulmak için kullanabilirsiniz. Bu hazır örnekler sizin bütün düşüncelerinizi kapsamayacaktır, ancak buradaki ana mantığı kullanarak siz de cevaplar üretebilirsiniz.

Bulduğunuz Düşünce Hatalarını Değiştirmede Yardımcı Olacak Sorular

1. Zihin okuma: Karamsar kişiler sıklıkla başkalarının onlar hakkında eleştirel düşündüklerine inanırlar. Fakat hiçbirimiz zihin okuyamayız. Bir başkasının tam olarak ne düşündüğünü nasıl bilebiliriz? Ancak tahmin edebiliriz ama tahminlerimiz kendi tecrübelerimiz ve duygumuzdan etkilenir. Belki doğru tahminlere yaklaşabiliriz bazen ama bir başkasının ne düşündüğünü tam olarak bilmemiz olanaksızdır.

Otomatik düşünce: *"Yaptığım yemekten fazla yemediler, beğenmediler, beceremedim."*

Olası cevaplar: "Tek gerçek, yemekten az yemeleri. Yemekle ilgili tam olarak ne düşündüklerini bilemem. Belki de aç değillerdi. Bu benim için önemliyse yemek konusundaki fikirlerini sorabilirim."

2. "Hep ya da hiç" şeklinde düşünme: Hemen her şey görecelidir. Hiçbir sıfat "var" veya "yok" şeklinde değildir; "az" ya da "çok" şeklindedir. İnsanlar hep kötü veya hep iyi değillerdir. Bu ikisinin karışımıdırlar. "Siyah ya da beyaz" düşüncesini kendinize uyguluyor musunuz? Sadece siyah ve beyazdan oluşmuş bir dünya sizce nasıl olurdu? Dünya çeşitli renklerden ve onların tonlarından oluşur. Yaşam, olaylar ve sosyal ilişkiler de öyle. Değişik renklere bakın ve onların değişen tonlarını arayın. Çoğunlukla "hep ya da hiç" yoktur; "bazı zamanlar", "bazı insanlar" ve "bazı şeyler" vardır.

Otomatik düşünceler: *"Bunu gerçekten kötü yaptım."*

Olası cevaplar: "Gerçek olan, bu işi istediğim gibi yapmadığım. Bu, hiç iyi olmadığı anlamına gelmez. Her şeyi %100 yerine getirmem beklenemez. Aksi takdirde hiçbir zaman tatmin olamam."

3. Aşırı genelleme: Düşüncenizde aşırı beklenti yükleyen sözcükler mi kullanıyorsunuz? "Hep", "asla", "herkes", "hiç kimse", "her şey", "hiçbir şey " gibi sözcüklere karşı dikkatli olun. Bu zorunluluklar nerede yazıyor? Bunlar yaşamın gerçekliğine uygun mu?

Otomatik düşünce: *"Benim için her şey hep kötü gitmiştir."*

Olası cevaplar: "Ne demek her şey? Bu bir abartma. Herkes için olduğu gibi, benim için de bazı şeyler kötü gitmiş olabilir. Fakat bazı şeyler de iyi gidecektir."

4. Etiketleme: Tek bir olaydan yola çıkıp kendinizi bütünüyle mi suçluyorsunuz? Deprese kişiler karşılaştıkları güçlükleri kendilerinin değersiz olduklarına yorarlar sıklıkla. Böyle boş bir yargılamada mı bulunuyorsunuz? Siz binlerce duygu, düşünce ve eylemden oluşuyorsunuz. Bunlardan bir tanesiyle kendinizi yargılamanız uygun değil. Bu düşünce işleme biçimi özellikle çökkün olduğunuzda çalışır çünkü sahip olduğunuz güç ve yetenekten çok, zayıflık ve hatalarınızı görme eğiliminde olursunuz.

Otomatik düşünce: *"Bu sabah çocuklara çok kızdım. Ben çok kötü bir anneyim ve zayıf bir insanım."*
Olası cevaplar: "Belli bir günde, belli bir zamanda, belli şartlarda sinirlendim. Bu beni zayıf bir insan ya da kötü bir anne yapmaz. Hiçbir zaman sinirlenmemeyi beklemem makul değil. Kendimden bunu bekleyip çöküntüye girmem çocuklar okuldan geldiğinde beni sakinleşmiş bulmalarına yardımcı olmayacaktır."

5. Olumluyu yok sayma, olumsuza odaklanma: Zayıflıklarınıza yoğunlaşıp güçlerinizi unutuyor musunuz? İnsanlar çöküntüye girdiğinde geçmişte sorunları başarıyla hallettiklerini gözden kaçırırlar. Bu da o anki güçlüklerini yenmelerini sağlayacak kaynaklarını ve yeteneklerini unutmalarına neden olur. Bunun yerine başarısızlıklarına ve zayıflıklarına odaklanırlar. Sahip oldukları tek bir olumlu özelliği veya yeteneği bile düşünmeleri zorlaşır. Kendinizle ilgili dengeli bir bakış açısını sürdürmek önemlidir. Elbette çok başarılı olmadığınız, yapmaktan çekindiğiniz ya da kendinizle ilgili değişmesini istediğiniz şeyler olabilir. Fakat ya eşitliğin öbür tarafında neler var? İyi olduğunuz şeyler neler? Çökkün olmadığınız zamanlarda kendinizle ilgili hoşlandığınız şeyler? İnsanların sizde değer verdiği şeyler? Geçmişte başınıza gelen zorluklarla nasıl baş ettiniz? Becerileriniz ve kaynaklarınız nelerdi?

Otomatik düşünce: *"Yaşamımı tamamıyla berbat ettim. Kendimden nefret ediyorum. Niye hâlâ çabalıyorum ki?"*
Olası cevaplar: "Bu doğru değil. İyi yaptığım birçok şey var. Bunları açık bir şekilde göremiyorum çünkü çökkünlüğüm buna engel oluyor. Eğer o denli berbat bir durumda olsam hiç arkadaşım kalmazdı. Fakat beni seven arkadaşlarım, yakınlarım var. Yaşamamın bir anlamı olmalı ve hem kendim hem de çevremdeki insanlar için çabalamaya devam etmeliyim."

6. Seçici soyutlama: Gerçekte sizin hatanız olmayan bir şeyden dolayı mı kendinizi suçluyorsunuz? Depresyonu olan kişiler sıklıkla kendilerini suçlarlar. İradesizlik, güçsüzlük veya yetersizlikle kendilerini aşağılayabilirler. Kendilerine çekidüzen verip duygusal olmayı kesmeleri gerektiğini düşünürler. Bunu olanaksız bulduklarında da son derece haşin bir biçimde kendilerini eleştirirler. Gerçekte depresyon yaygın bir sorundur; herhangi bir anda on kişiden birinde depresyon vardır. Bilim insanları üzerinde yıllarca çalışmalarına rağmen depresyona neyin yol açtığı konusunda hâlâ tam bir sonuca ulaşamamıştır. Depresyon gerçekte çözülmesi gereken bir sorundur ve kendinizi suçlamak sizi daha da çökkün hâle getirmekten başka bir işe yaramaz.

Otomatik düşünce: *"Bu yanlış düşüncelere sahip olduğum için gerçekten aptal biriyim."*

Olası cevaplar: "Böyle düşünmem neden aptallık olsun? İnsanların aptalca düşünceleri de olabilir. Fakat bir bütün olarak kendime baktığımda aptal olduğuma dair büyük bir kanıt yok. Aptallık bile olsa, bu sadece o düşünceyi tanımlar. Her insanın aptalca düşünceleri ve davranışları olabilir, bu onu aptal yapmaz. Üzgün, karamsar olduğum için bu düşünceler var bende. Bu benim hatam değil ve bu tür düşüncelerim olunca bunları yazıyorum, böylece ilk adım olarak farkındalık kazanıyorum. Bunlar sorunlarımı azaltmak için akıllıca adımlar. Kendimi daha iyi hisseder hâle geldiğimde sanırım oldukça farklı düşüneceğim."

Otomatik Düşünceyi İnceleme Yöntemleri

Şimdi bu yöntemleri Ayşe Hanım'ın düşünce kaydı üzerinden görelim. Hatırlarsanız Ayşe Hanım sabahları uyanınca kendini kötü hissediyor ve "Bu durum hiç geçmeyecek" diye düşünerek yatağında yatmaya devam ediyordu.

Ayşe Hanım'ın Düşünce İnceleme Formu

Tarih-Yer, Olay-Durum	Anlık Düşünceler	Duygu	Davranışlar
Sizi rahatsız eden olayı yazın: Ne oldu, ne zaman, nerede, kimle?	Bu durumu ya da olayı yaşarken en yoğun biçimde sıkıntı duyduğunuz anda aklınızdan ne geçiyordu? Kendi kendinize neler söylüyordunuz? O anda zihninizde canlanan herhangi bir hayal var mıydı? Anlık düşüncelerinizi sıraladıktan sonra sizin için o anda en önemli olan ve duygunuzla en bağlantılı gördüğünüz düşüncenizi işaretleyin. **Düşünce İşleme Özellikleri** En önemli gördüğünüz ve üzerinde çalışacağınız düşüncenizdeki olası düşünce işleme özelliklerini yazın. (Felaketleştirme, Aşırı Büyütme, Aşırı Genelleme, "Siyah ya da Beyaz" Düşüncesi, Keyfi Çıkarsama, Seçici Soyutlama, "-meli / -malı" Düşüncesi, Duygusal Çıkarsama.)	**1.** Bu olay ya da durumu yaşarken neler hissettiniz? Duygunuz ve şiddeti neydi? **2.** Bu yaşadığınız duygu olan bitenle mi, yoksa düşüncelerinizle mi daha bağlantılı? **3.** Bu duygu sizin hangi değer veya idealinize işaret ediyor?	**1.** Bu duyguyu yaşarken ya da sonrasında ne yaptınız? Eğer yaşadığınız bir olaysa, bu olayın sonucunda ne yaptınız? Olay nasıl sona erdi? **2.** Davranışınız değer veya idealinizle uyumlu mu?
12.07.2020 08:30 Uyanma	"Yine kötüyüm!", "Bu hiç geçmeyecek!", "Bugün nasıl geçecek?", "Çok sıkıntılıyım!" **Düşünce İşleme Özellikleri:** Felaketleştirme Duygusal Çıkarsama Aşırı Genelleme	**1.** *Umutsuzluk (90)* **2.** *Yaşadığım duyguyu düşüncelerim daha iyi açıklar, onlarla daha ilişkili.* **3.** *Ruhsal olarak sağlıklı ve mutlu olmak isteyen biriyim.*	**1.** *Yatakta yatmaya devam etme, uyumaya çalışma.* **2.** *Hayır*

Düşünceyle İlgili İncelemeler	**Gerçekçi / İlgili Düşünceler ve Davranışlar**
Düşüncenizin ne kadar gerçekçi, uygun ve yararlı olduğunu aşağıdaki sorulardan uygun olanları kullanarak inceleyin: **1.** Düşüncenizi olan biteni tanımlama ve anlamlandırma açısından inceleme: Bana bu düşüncemi yanlışlamak, öyle olmadığını kanıtlamak gibi bir görev verilseydi, düşüncemin geçersiz olduğunu göstermek için ne tür karşı kanıtlar getirirdim? **2.** Yaşadığım durum veya olaya başka bir anlam verilebilir mi? Yaşadığım bu durumun benim düşündüğümün dışında başka bir açıklaması, anlamı veya sonucu olamaz mı? Aynı olayı yaşayan ama üzüntü, korku, öfke, endişe gibi olumsuz bir duygu hissetmeyen biri acaba nasıl düşünürdü de böyle hissetmezdi? Eğer yakın bir arkadaşım aynı durumda olsaydı ve böyle düşünseydi, ona bu düşüncesinin uygun olmadığını göstermek için ne söylerdim? **3.** Eğer düşüncem bir talep veya beklenti içeriyorsa, bu talep veya beklenti, ilgili kişi veya duruma ne kadar uygun ve gerçekçi? **4.** Eğer düşüncem bir tahmin ise en kötü sonuç ne olur? En iyi şey ne olur? En gerçekçi sonuç ne olur? **5.** Bu düşünceye inanmamın etkisi, sonucu ne? Bu düşünceye inanmazsam, ona göre davranmazsam hayatım nasıl değişebilir?	Düşüncenizle ilgili olarak aşağıdaki başlıklardan uygun olanları sırayla yazmaya çalışın: **1.** O an aklınıza gelen anlık düşüncenizle ilgili gerçekçi bir cümle yazın. **2.** Düşüncenize yol açan olay veya durumla ilgili daha geçerli ve uygun bir ifade ne olabilir? **3.** Şu anda değer veya ideallerinize uygun olarak ne şekilde davranabilirsiniz? Ne yapabilirsiniz? **4.** Eğer anlık düşünceniz bir öngörüyse ve bu tahmin gerçekleşirse ortaya çıkacak sonuçla baş edebilir misiniz? Bu durumda ne yapabilirsiniz? **5.** Çalışma sonrası düşünceye olan inanç düzeyiniz nedir?
1. *Depresyon kesinlikle geçmeyen bir durum değil. Gerek ilaç tedavileri gerekse psikoterapiyle iyileşebiliyor. Bu konuda yapılan çalışmalar, bilimsel veriler var. Daha önce de böyle düşündüğüm zamanlar oldu ama ara ara da olsa iyiydim. Ayrıca, şu anda kötüyüm ama ilk depresyonumdaki kadar değil.* ***2.*** *Şu anda depresif ve karamsar olduğum için bana bu durum hiç geçmeyecekmiş gibi geliyor. Mutsuz, depresif duygudurum düşünceyi olumsuz etkiler. Depresyonumun geçip geçmeyeceğinden çok duygusal durumumun bana telkin ettiği bir düşünce bu.* ***4.*** *En kötü sonuç hep depresif olmak. En iyi sonuç tamamıyla geçmesi. En olası sonuçsa benim bazen depresif bazen de daha iyi olmam.* ***5.*** *Yatakta yatmaya devam etmek ve az şey yapmak.* *Kalkıp bir şeyler yaparsam en azından bir şey yapmış olurum, kendimi iyi hissedersem bu da bana ikinci artısı olur.*	***1.*** *Ben şu anda iyi değilim ama durumumun kesinlikle değişmeyeceği anlamına gelmiyor bu.* ***2.*** *Şu anda çok karamsar olduğum için bu düşünce aklıma geliyor ve beni kendisine inandırıyor.* ***3.*** *Kalkıp giyinebilir ve depresyon için önerilen yürüyüşü yapabilirim.* ***4.*** *Depresyonum sürse bile, bunca yıl nasıl dayandıysam, buna ailem ve kızım için de dayanabilirim.* ***5.*** *Düşünceye olan inanç düzeyi: 50*

1. Kanıt İnceleme

Formdaki ilk sütunlar gördüğünüz gibi "Olumsuz Duygu-Düşünce-İstek Kayıt Formu"ndakilerle aynı, tek fark "Anlık Düşünceler" sütununda düşünce işleme özelliklerinin yer alması. Dolayısıyla Ayşe Hanım'ın ilk yapması gereken, duygusuyla en bağlantılı, en rahatsız edici düşünceyi tespit etmek. Ayşe Hanım bunu "*Bu hiç geçmeyecek!*" şeklindeki düşüncesini işaretleyerek tespit ediyor. Bunun altına da düşünce işleme özelliği olarak felaketleştirme, duygusal çıkarsama ve aşırı genellemeyi yazıyor. Duygusunun olan bitenden çok düşüncesiyle bağlantılı olduğunu tespit ettikten sonra da isteğini belirliyor: "*Ruhsal olarak sağlıklı ve mutlu olmak isteyen biriyim.*"

"Davranışlar" sütununun ardındansa sıra "Düşünceyle İlgili İncelemeler"e geliyor. Bu bölümdeki birinci soru Bilişsel Terapi'de "Kanıt İnceleme" adını verdiğimiz tekniği içermektedir. Düşüncemiz, olan bitenle ilgili bir tanımlama, açıklama veya tahmindi. Bir şeyin aklınızdan geçmesi, onu düşünmüş olmanız veya düşündüğünüzün doğru olduğuna inanmanız, gerçeğin mutlaka öyle olmasını gerektirmez. Bu nedenle, bir düşünceyi incelerken öncelikle onun gerçeklikle ilgili kendi varsayımınız veya hipoteziniz olduğunu aklınıza getirmeniz gerekir. Geri çekilmenize yol açan, kendinizi kötü hissettiren olumsuz bir duygu yaşadığınızda, o anda düşündüklerinizin gerçeğe uygunluğunu test edin. Hangi nesnel kanıtlar düşüncelerinizi destekliyor, hangileri düşüncelerinize karşı çıkıyor? Bunu araştırmak üzere düşüncenizi incelerken kullanacağınız ilk yöntem Kanıt İnceleme'dir.

Depresyonla bağlantılı olumsuz duygu yaşatan düşünceleri incelerken kendi kendimize ilk sormamız gereken "Bunu nereden biliyorum?" sorusudur. Bu soruyla o andaki düşüncenizin doğruluğunun kanıtının ne olduğunu bulmaya çalışın. Ardından da, bu düşüncenizin doğru olmayabileceğine ya da tamamıyla doğru olmayabileceğine ilişkin kanıt ya da kanıtlar bulmaya çalışın. Bu düşüncenizi incelemek üzere bir mahkeme kurulmuş olsaydı ve siz de bu düşüncenin doğru olmadığını kanıtlamaya çalışan bir avukat olsaydınız, ne tür kanıtlarla bu düşünceyi çürütmeye çalışırdınız?

Örneğin, yolda karşılaştığı arkadaşının konuşmayı kısa keserek hemen uzaklaşmasından sonra şaşkınlık ve üzüntü yaşayan kişinin o andaki otomatik düşünceleri "Niye böyle oldu?" ve "O bile beni istemiyor!" biçiminde olsun. Bu kişinin üzüntüsü kendisi için daha yoğun ve önemli olduğundan "üzüntü" duygusu üzerinde çalışmaya karar verdiğinde kendisine ilk soracağı soru şu olmalıdır: "Onun beni istemediğini nereden biliyorum?" Bu soru ve türevleri, yaşadığımız bir durum veya olay sonrasında sadece olumsuz kanıtları ele alarak ulaştığımız sonuçları incelerken işimize yarar. Örneğin, ders notlarını istediğimiz arkadaşımız bunu getirmediğinde "Ben önemsiz biriyim" diye bir otomatik düşüncemiz olursa, bunu aynı soru formuyla inceleyebiliriz. Amaç, gerçekliğin otomatik düşünceyi destekleyen negatif yanlarıyla oluşturduğumuz bu düşünceye, gerçekliğin olumlu yanlarını da bulup yansıtmak. Ve böylece dengeli ve gerçekçi bir düşünce oluşturmak. O hâlde bu örnekteki temel soru şu olacaktır: "İnsanların bana önem verdiğini gösteren olaylar oldu mu?" Düşüncenizi gerçeklik ışığında incelerken, o düşüncenin insanlar tarafından da doğru olarak kabul edilip edilmediğine bakın.

Bu yöntemi kullanırken ortaya çıkan kanıtları kalite açısından da irdeleyin. Bir konuda sonuca ulaşırken emin olduğunuz şeylere dayanın. İyi bir yargıda bulunmak için yeterli kanıtınız yoksa zihninizde bir toparlama yapmadan önce daha fazla kanıt bulup bulamayacağınıza bakın.

Ayşe Hanım formu doldururken bu soruları kullanarak şu karşı kanıtları buluyor: "*Depresyon kesinlikle geçmeyen bir durum değil. Gerek ilaç tedavileri gerekse psikoterapiyle iyileşebiliyor. Bu konuda yapılan çalışmalar, bilimsel veriler var. Daha önce de böyle düşündüğüm zamanlar oldu ama ara ara da olsa iyiydim. Ayrıca, şu anda kötüyüm ama ilk depresyonumdaki kadar değil."*

2. Alternatif Bulma: Olanlar İçin Alternatif Bir Açıklama Var mı?

İkinci inceleme sorumuzsa şu: "Bu durumun veya olayın başka açıklaması olabilir mi? Bu olay daha farklı nasıl görülebilir?" Formdaki 2 numaralı sorular bunları bulmanız için. Bir durumu açıklamanın birden fazla yolu vardır. Bu soruyu az önceki örneğe, arkadaşımızın ders notlarını istediğimiz hâlde getirmeyişine uyarladığımızda "Arkadaşım dalgın olabilir", "Başka işlerinden dolayı unutmuş olabilir", "Benim için notların önemini bilmiyor olabilir" gibi alternatif açıklamalar bulabiliriz. Olaylara ilişkin yorum veya sonuç çıkarma biçiminde olan otomatik düşünceler için ise "Sevdiğim bir arkadaşım benim durumumda olsaydı ve böyle düşünseydi ona ne derdim?" sorusu kullanılabilir.

Alternatif açıklamaları bulmamıza yardımcı olabilecek diğer sorular: Aynı olayı yaşayan ve üzüntü duymayan birisi acaba bu olayı nasıl görürdü? İyi olduğunuz dönemde aynı olayla ilgili nasıl düşünür ve tepki verirdiniz? Bir başkası bu durumu nasıl görürdü? Sizi sıkıntıya sokan durumu bir arkadaşınız size anlatsaydı tepkiniz ne olurdu? Eğer sizin yerinizde başka biri olsaydı düşüncesi bu kadar karamsar olur muydu?

Diyelim ki, yemek pişirirken bir hata yapmış olun ve düşünceniz de "Bu berbat bir hata. Doğru dürüst yemek yapmayı asla öğrenemeyeceğim!" olsun. Bu olayla ilgili daha farklı nasıl düşünebilirsiniz? Örneğin: "Eğer eskiden olsaydı muhtemelen üzülür ama bir dahaki sefere daha iyi yaparım, bu da böyle bir tecrübe oldu, derdim. Bir işin yapabildiğim kadarını yapar, eksiklerim ve hatalarım sayesinde onu daha iyi yapmayı öğrenirim. Geçen hafta arkadaşım da benzer bir hata yapmıştı ama bunu normal karşılamıştı."

Ayşe Hanım formdaki bu soruları kullandığında şu alternatif açıklamaları buluyor: "*Şu anda depresif ve karamsar olduğum için bana bu durum hiç geçmeyecekmiş gibi geliyor. Mutsuz, depresif duygudurum düşünceyi olumsuz etkiler. Depresyonumun geçip geçmeyeceğinden çok duygusal durumumun bana telkin ettiği bir düşünce bu.*"

3. En Olası Sonuç Ne Olabilir?

Geleceğe ilişkin tahmin veya öngörüler biçiminde ortaya çıkan otomatik düşünceler için "Olabilecek en kötü şey nedir? Olabilecek en iyi şey nedir? Olabilecek en gerçekçi sonuç nedir?" soruları kullanılabilir. Eğer düşünceniz bir tahmin ise olabilecek en kötü sonuç ne olur? En iyi şey ne olur? En gerçekçi sonuç ne olur?

Ayşe Hanım bu soruları şöyle cevaplıyor: "*En kötü sonuç hep depresif olmak. En iyi sonuç tamamıyla geçmesi. En olası sonuçsa benim bazen depresif bazen de daha iyi olmam.*"

4. Düşünceyi İşlevi ve Sonuçları Açısından İnceleme

Formdaki "Düşünceyle İlgili İncelemeler" sütunundaki 5 numaralı soru düşünceyi işlevi açısından inceler. Burada amaç, düşüncenin duygu ve davranışa etkisini ve bunun sonuçlarını görmek. Bunu görebilmek için kendimize "Olumsuz düşünceye inanmamın etkisi nedir? Bu düşünceye inanmamın sonucu ne? Daha gerçekçi düşünmenin etkisi ne olabilir? Bu düşünceye inanmazsam, ona göre davranmazsam hayatım nasıl değişebilir?" sorularını sormalıyız.

Olumsuz düşünceler size yardımcı mı oluyor, yoksa geri çekilmenize mi yol açıyor? Amacınız depresyonu yenmek, mutlu olmaksa, şu andaki düşünme şeklinizin buna bir katkısı var mı? Yoksa hem kendinizi kötü hissettirip hem de düzelmenize engel mi oluyorlar? Örneğin, şöyle bir otomatik düşünceniz olsun: "Durum umutsuz. Düşüncelerimi nasıl değiştirebileceğimi asla öğrenemeyeceğim." Buna verebileceğiniz cevap: "İstediğim şey depresyonumu yenmek. Bu şekilde düşünmem, bunu yapmamda bana yardımcı olmayacak. Sadece kendimi kötü hissettirecek. Bunu öğrenmek zorunda olduğumu kendi kendime söylemenin yararı yok. Şu anda ihtiyacım olan şey buna çalışmak ve deneme yapmak. Eğer 'Bunu asla öğrenemeyeceğim' demeyi sürdürürsem, denemeyi bırakırım."

Peki, bu şekilde düşünmenin avantajları ve dezavantajları nelerdir?

Birçok gerçek dışı ya da gerçekleşip gerçekleşmeyeceği bilinemeyecek düşüncenin birtakım kazançları vardır. Onları sürdüren de budur. Örneğin, sizin zor bulduğunuz durumlardan kaçınmanız için size mazeret verebilirler. Fakat bunların dezavantajları, avantajlarından daha fazla olabilir. O yüzden, bu düşüncelere uygun davranmanın size verdiği zararları da aklınıza getirmeniz yerinde olur. Örneğin, otomatik düşünceniz "Bu toplantıda iyi bir izlenim bırakmalıyım" olsun. Bu düşüncenin size ne gibi bir yararı olabilir? Sizi iyi bir izlenim bırakma konusunda bir şeyler yapmaya iter. Eğer gerçekten bunu yapabildiğinize inanırsanız da kendinizi iyi hissedersiniz. Fakat bu düşüncenin bir de olası zararları söz konusudur: İyi izlenim bırakabilmek için aşırı bir çaba içine girip telaşlanabilirsiniz. Eğer birileri sizden hoşlanmıyor gibi görünürse (ki bu oldukça yüksek bir olasılıktır) kendinizi çok kötü hisseder, kendinizle ilgili kötü düşünürsünüz. Yani gerçekte kendi kendinize "İyi bir izlenim bırakmalıyım" diye söylemeniz sadece size bir yük getirir, sizi gerginleştirir ve yaptığınız işten zevk almanızı güçleştirir. Bunun yerine şu düşünce daha gerçekçidir: "Herkesin benden her zaman hoşlanması olanaksız. Eğer hoşlanırlarsa, bu güzel bir şey. Fakat hoşlanmazlarsa, bu, dünyanın sonu değil."

Ayşe Hanım düşüncesini işlevi ve sonucu açısından irdeleyen bu soruları kendine sorduğunda cevap olarak şunları buluyor:

"Düşünceye uygun davranmanın sonucu: Yatakta yatmaya devam etmek ve az şey yapmak. Bu düşünceye inanmazsam ne olur? Kalkıp bir şeyler yaparsam en azından bir şey yapmış olurum, kendimi iyi hissedersem bu da bana ikinci artısı olur."

Sonuçlar: Daha Gerçekçi Tanımlamalar ve Daha Uygun Açıklamalar

Düşünce İnceleme Formu'ndaki son sütunda, ortaya çıkan sonuçları özetliyoruz. Önce, yaşadığımız durumla ilgili daha gerçekçi bir tanımlama yapmayı amaçlıyoruz. Burada, anlık düşüncenizin konu aldığı durumla ilgili daha gerçekçi bir ifade bulup yazmak için bir önceki sütundaki 1 numaralı soruya verdiğiniz yanıtın bir özetini çıkarmanız yeterli. Örneğin, Ayşe Hanım bu konuda "*Ben şu anda iyi değilim ama durumumun kesinlikle değişmeyeceği anlamına gelmiyor bu*" şeklinde bir ifade oluşturuyor.

Sonrasında o durumla ilgili daha uygun ve yeni bir alternatif açıklama getirmeye çalışıyoruz. Düşüncenize yol açan olay veya durumu daha geçerli ve uygun şekilde açıklayan bir ifade ne ola bilir? Ayşe Hanım buna cevap olarak şöyle yazıyor: "*Şu anda çok karamsar olduğum için bu düşünce aklıma geliyor ve beni kendisine inandırıyor.*"

"Ne yapayım?"

3'üncü soru, değer ve ideallerimize dönük ne yapabileceğimizi içeriyor. Ayşe Hanım "*Ruhsal olarak sağlıklı ve mutlu olmak isteyen biri*" olarak buna "*Kalkıp giyinebilir ve depresyon için önerilen yürüyüşü yapabilirim*" şeklinde cevap veriyor.

"Diyelim ki öyle, bununla nasıl baş edebilirim?"

Son sütundaki 4'üncü soru gerçekçi durumlar için baş etme stratejileri geliştirmeyi hedefliyor. Eğer anlık düşünceniz bir tahmin ise ve gerçekleşirse, bu sonuçla baş edebilir misiniz? Bu durumda ne yapabilirsiniz? Otomatik düşüncemiz gerçeği yansıtıyorsa ya da gelecekle ilgili çok olası bir sonucu içeriyorsa sorabileceğimiz bir soru bu. Diyelim ki, iyi hazırlanamadığımız bir sınavın öncesinde "İyi çalışmadım, kalacağım" biçiminde bir otomatik düşüncemiz ortaya çıkarsa, bu soruyu kullanarak var olan durumla veya olası sonuçla nasıl baş edebileceğimizi planlayabiliriz.

Bu sorunun alternatifi: "Olabilecek en kötü şey olursa ne yapabilirim? Kötü olasılık gerçekleşirse ya da elimden bir şey gelmezse ben buna dayanabilir miyim?"

Ayşe Hanım bu soruyu şöyle yanıtlıyor: "*Depresyonum sürse bile, bunca yıl nasıl dayandıysam, buna ailem ve kızım için de dayanabilirim.*"

Yeniden Değerlendirme

Bu yeni düşünceleri yazdıktan sonra tekrar olumsuz otomatik düşüncelerinize dönün ve onlara ne kadar inandığınızı puanlayın.

Eğer cevaplarınız etkinse, inancınızın belli bir dereceye kadar azalmış olduğunu bulmalısınız. Eğer bu olmamışsa, bulduğunuz cevabı bir şekilde inanılmaz kılan bir şey olabilir ya da cevabınız çok gerçekçi olmayabilir. Bulduğunuz eksikleri içeren veya bulduğunuz yeni ifadeye karşı çıkan ve "Evet ama..." şeklinde başlayan bu yeni olumsuz düşünceleri de yazın ve aynen özgün düşünceleri cevapladığınız gibi bunları da cevaplamaya çalışın. Takıldığınız noktalarda varsa terapistinizden yardım alabilirsiniz.

Son olarak tekrar duygu sütununa bakın ve olumsuz düşünceleri cevapladıktan sonra kendinizi nasıl hissettiğinizi kontrol edin. Bulduğunuz cevaplar ışığında şimdi duygularınız nedir? Her birini 100'e kadar puanlayın. Cevaplarınız etkinse, acı verici duyguları belli bir dereceye kadar azalmış bulmanız gerekir. Eğer tamamıyla yok olmazlarsa cesaretiniz kırılmasın. Şunu unutmayın; düşünme şeklinizi ve duygularınızı değiştirmek zaman alacaktır ve uygulama gerektirecektir. Depresyondayken bu alıştırmaları yapmanız zor olabilir. Olumsuz düşüncelere inancınızın bir anda tamamıyla yok olmasını beklemeyin. Muhtemelen bir süre daha devam ederler çünkü bulduğunuz cevaplar belki de sizin için oldukça yenidirler. Bunlara inancınızın artması zaman ve uygulama gerektirir. Ve muhtemelen bunları dışarıda eylemlerle sınamaya da gereksinim duyacaksınız.

Durup düşüncelerimizi bulmak, onlara tekrar bakmak, onları sorgulamak, incelemek ve düşüncelerimize alternatif geliştirmek normalde yaptığımız şeyler değildir. Başlangıçta nesnel olmak ve duygularınızı büyük ölçüde etkileyen yeni bir bakış açısı bulmak size güç gelebilir. Bunu zamanla gelişecek bir beceri olarak düşünün. İlk başlarda duygusal durumunuzu değiştirecek güçte etkili alternatif düşünceler bulamazsanız cesaretiniz kırılmasın. İki kere direksiyon dersi aldıktan sonra araba kullanabilmeyi bekler misiniz? Ya da üç defa İngilizce dersi alıp İngilizce konuşmayı? Bu yeni düşünme biçimi, yıllardır alıştığınız bir dilin yerine yeni bir dil öğrenmeye ve sonra da o dili konuşmaya benzer. Yeni öğrendiğiniz dilin sizin diliniz hâline gelmesi ve rahat konuşmak için zamana ve pratiğe gereksiniminiz olacak. Unutmayın ki, yaptığınız bu çalışmayı en etkili hâle getirecek şey bunu davranışa yansıtmak olacaktır.

Cevapsız Sorular Şeklindeki Düşüncelerle İlgili Ne Yapabiliriz?

Bazen anlık düşüncelerimiz hiçbir zaman yanıtı olmayacak veya tam yanıtı bulunamayacak sorular biçiminde olabilir. Yanlış sorunun doğru cevabı olmaz! "Geçmişi nasıl unutabilirim?", "Niye farklı biri değilim?", "Yaşamın anlamı nedir?", "Niye hep bunlar benim başıma geliyor?", "Yaşam niye böyle insafsız?" gibi sorular, bu tür sorulardır. Bu yanıtlanamaz soruları düşünmek kendinizi kötü hissetmenin en garanti yoludur. Eğer bunları cevaplanabilir sorulara dönüştürebilirseniz daha iyi edersiniz. Eğer bunu yapamıyorsanız üzerlerinde zaman harcamayın. Bunun yerine, düşüncenizi daha yapıcı bir şeylere çevirin. Örneğin otomatik düşünceniz "Tekrar ne zaman iyi olacağım?" şeklindeyse, gerçekçi cevabınız şu olabilir: "Bunu cevaplayamam. Tekrar tekrar bunun üzerine gitmek sadece beni üzer ve kendimi kötü hissettirir. Zamanımı, depresyonumu mümkün olan en kısa sürede aşmak için neler yapabileceğimi düşünüp bunları gerçekleştirmeye çalışarak harcarsam daha iyi olur."

Bu çalışmaları tamamladıktan sonra bir kâğıt alıp iki sütuna bölün. Sol tarafa makul-gerçekçi olmayan otomatik düşüncelerinizi yazın. Karşısına da yukarıdaki sorularla otomatik düşüncelere karşı ürettiğiniz kanıtları içeren cevaplarınızı yazın. Örneğin: "Ahmet aramadı. Beni sevmiyor." / "Bu hafta beni aramadı fakat son beraber olduğumuzda benimle çok ilgiliydi ve beni önemsediğini söyledi. Bu hafta çok meşgul olabilir veya benim eskisine göre daha iyi durumda olduğumu düşünmüş olabilir. Olabilecek en kötü şey ayrılmamız; bu benim için çok kötü bir durum olabilir ama ayakta kalabilirim. Olabilecek en iyi şey beni araması olur. En makul ihtimalse bu hafta içinde beni araması. Arkadaşım Ayşe aynı durumda olsa kaygılanmasına gerek olmadığını ve kendisinin onu aramasını söylerdim. Ahmet'in beni sevmediğine inanmamın sonucu, kendimi mutsuz ve her şeye karşı isteksiz hissetmek. Düşüncemi değiştirmemin etkisi ise kendimi daha umutlu hissetmem. Eğer bugün akşama kadar beni aramazsa ben onu ararım."

Alıştırma 2: Evet, şimdi sıra sizde. Sizi rahatsız eden, olumsuz bir duygu yaşadığınız durumu yazmıştınız. Şimdi de aşağıdaki formla düşüncenizi inceleyin. Daha önce yaptığınız gibi, formu doldurmadan önce, formu doldurma süreciniz ve bunun sonuçlarıyla ilgili tahminlerinizi ("Yapamayacağım, sonunda kendimi daha kötü hissedeceğim" gibi) bir kenara not edin.

Düşünce İnceleme Formu (1/6)

Tarih-Yer, Olay-Durum: Sizi rahatsız eden olayı yazın: Ne oldu, ne zaman, nerede, kimle?

____

____

____

____

____

____

____

____

____

____

____

Düşünce İnceleme Formu (2/6)

Anlık Düşünceler: Bu durumu ya da olayı yaşarken en yoğun biçimde sıkıntı duyduğunuz anda aklınızdan ne geçiyordu? Kendi kendinize neler söylüyordunuz? O anda zihninizde canlanan herhangi bir hayal var mıydı? Anlık düşüncelerinizi sıraladıktan sonra sizin için o anda en önemli olan ve duygunuzla en bağlantılı gördüğünüz düşüncenizi işaretleyin.

Düşünce İşleme Özellikleri: En önemli gördüğünüz ve üzerinde çalışacağınız düşüncenizdeki olası düşünce işleme özelliklerini yazın. (Felaketleştirme, Aşırı Büyütme, Aşırı Genelleme, "Siyah ya da Beyaz" Düşüncesi, Keyfi Çıkarsama, Seçici Soyutlama, "-meli, -malı" Düşüncesi, Duygusal Çıkarsama.)

Düşünce İnceleme Formu (3/6)

Duygu:

1. Bu olay ya da durumu yaşarken neler hissettiniz? Duygunuz ve şiddeti neydi?
2. Bu yaşadığınız duygu olan bitenle mi, yoksa düşüncelerinizle mi daha bağlantılı?
3. Bu duygu sizin hangi değer veya idealinize işaret ediyor?

Düşünce İnceleme Formu (4/6)

Davranışlar:

1. Bu duyguyu yaşarken ya da sonrasında ne yaptınız? Eğer yaşadığınız bir olaysa, bu olayın sonucunda ne yaptınız? Olay nasıl sona erdi?
2. Davranışınız değer veya idealinizle uyumlu mu?

____

____

____

____

____

____

____

____

____

____

Düşünce İnceleme Formu (5/6)

Düşünceyle İlgili İncelemeler:

Düşüncenizin ne kadar gerçekçi, uygun ve yararlı olduğunu aşağıdaki sorulardan uygun olanları kullanarak inceleyin.

1. Düşüncenizi olan biteni tanımlama ve anlamlandırma açısından inceleme: Bana bu düşüncemi yanlışlamak, öyle olmadığını kanıtlamak gibi bir görev verilseydi, düşüncemin geçersiz olduğunu göstermek için ne tür karşı kanıtlar getirirdim?

2. Yaşadığım durum veya olaya başka bir anlam verilebilir mi?

Yaşadığım bu durumun benim düşündüğümün dışında başka

bir açıklaması, anlamı veya sonucu olamaz mı? Aynı olayı yaşayan ama üzüntü, korku, öfke, endişe gibi olumsuz bir duygu hissetmeyen biri acaba nasıl düşünürdü de böyle hissetmezdi? Eğer yakın bir arkadaşım aynı durumda olsaydı ve böyle düşünseydi, ona bu düşüncesinin uygun olmadığını göstermek için ne söylerdim?

3. Eğer düşüncem bir talep veya beklenti içeriyorsa, bu talep veya beklenti, ilgili kişi veya duruma ne kadar uygun ve gerçekçi?

4. Eğer düşüncem bir tahmin ise en kötü sonuç ne olur? En iyi şey ne olur? En gerçekçi sonuç ne olur?

5. Bu düşünceye inanmamın etkisi, sonucu ne?

Bu düşünceye inanmazsam, ona göre davranmazsam hayatım nasıl değişebilir?

Düşünce İnceleme Formu (6/6)

Gerçekçi / İlgili Düşünceler ve Davranışlar

Düşüncenizle ilgili olarak aşağıdaki başlıklardan uygun olanları sırayla yazmaya çalışın:

1. O an aklınıza gelen anlık düşüncenizle ilgili gerçekçi bir cümle yazın.
2. Düşüncenize yol açan olay veya durumla ilgili daha geçerli ve uygun bir ifade ne olabilir?
3. Şu anda değer veya ideallerinize uygun olarak ne şekilde davranabilirsiniz? Ne yapabilirsiniz?
4. Eğer anlık düşünceniz bir öngörüyse ve bu tahmin gerçekleşirse ortaya çıkacak sonuçla baş edebilir misiniz? Bu durumda ne yapabilirsiniz?
5. Çalışma sonrası düşünceye olan inanç düzeyiniz nedir?

Değerlendirme Soruları

1. *Bu formu doldurmak sizi nasıl etkiledi?*

....

....

....

2. *Duygusal etkisi ne oldu?*

....

....

....

3. *Davranışsal etkisi oldu mu?*

....

....

....

4. *Formu doldurmak konusundaki tahminlerinizle formu doldurduktan sonra olanlar birbiriyle uyumlu mu? Farklıysa hangi tahminleriniz tutmadı?*

....

....

....

5. *Yeni ne fark ettiniz?*

....

....

....

Olumsuz Düşüncelerle Çalışırken Yaşanabilecek Olası Sorunlar

Özellikle çok yoğun duygular hissettiğinizde olumsuz düşüncelerinize alternatif bulmakta veya daha gerçekçi düşünmekte epey zorlanabilirsiniz: Bu durumda kendinize zaman tanıyıp biraz sakinleşene kadar bekleyerek aynı konu üzerinde daha sonra tekrar çalışabilirsiniz. Kendinizi daha iyi hissettiğinizde bunu daha rahat yapabilirsiniz. Başarısız olduğunuzu söyleyerek veya bu yöntemin sizde işe yaramadığını düşünerek çalışmayı bırakmayın. Yoğun duygunun etkisiyle geçici bir tıkanma yaşıyor olabilirsiniz. Bunun kalıcı olduğunu düşünerek durumu olduğundan daha kötü hâle getirmekten kaçının.

Bu çalışmayla ilgili olarak kendinizden mükemmel ve çok etkili bir performans beklemeyin. Depresyondayken işler normalde olduğundan daha zor gelir ve daha uzun zaman alır. Düşünce inceleme çalışmanız harika olmak zorunda değil. Daha gerçekçi veya alternatif düşünceler bulmaya çalışırken unutmayın ki, ne tek bir doğru vardır ne de o tek doğruyu bulma zorunluluğunuz. Bu çalışmanın iyi ve verimli hâli şudur: Olumsuz duygunuzu değiştirip olumsuz düşünceye olan inancınızı azaltması ve eylem için size yeni yollar açan bir etki oluşturması.

Düşünce inceleme çalışması yaparken, depresyonda sık gördüğümüz kendini eleştirme eğilimine karşı dikkatli olun. Örneğin, "Böyle düşündüğüm için ben gerçekten aptal olmalıyım" gibi. Hatırlayın; olumsuz düşünce depresyonun bir işaretidir, yenebileceğiniz bir şeydir, zekâ yoksunluğuna veya yapısal bir bozukluğa bağlı değildir.

Aynı otomatik düşüncelerin tekrar tekrar çıktığını görürseniz, cesaretiniz kırılmasın. Eğer belli bir süredir depresyondaysanız, olumsuz düşünmek alışkanlık hâlini almış olabilir. Bunu kırmak zaman alacaktır. Şöyle bakın: Belli bir düşünce sık sık ortaya çıkıyorsa, bunu cevaplamak ve değiştirmek için daha fazla şansınız olacak demektir.

Olumsuz düşünce kaydı çalışması yaparken her gün mümkün olduğunca çok miktarda düşünceyi kaydetmeniz ve cevaplamanız son derece önemlidir. Bunları yazmanız, bu düşüncelerden kendinizi uzaklaştırmanıza da yardımcı olacaktır. Sonunda, muhtemelen bunları aklınıza gelir gelmez cevaplamaya başlar hâle geleceksiniz. Fakat bunu en baştan yapmayı beklerseniz, otomatik düşünceleriniz bulacağınız alternatiflerden sıklıkla daha güçlü olacağı için kendinizi başarısız hissedebilirsiniz. Başlangıçta amacınız sadece ve sadece bu çalışmayı yapmaya çalışmak olsun. Başarılı olmak veya çok etkili cevaplar bulmak değil.

Bu çalışmayı zihinden yapabilmek için öncelikle kâğıt üstünde çok sayıda düşünceyi cevaplamanız gerekir. Bu sayı kişiden kişiye değişebilir ama ortalama yüz civarında çalışma yapmak bunu içselleştirmeye başlamanıza yardımcı olur. Daha fazla pratik yaptıkça, etkin cevaplar bulmanız da giderek daha kolay hâle gelecektir.

Bu çalışmayı yaparken ideal olan, düşünce ve duygularınızı ortaya çıkar çıkmaz yazmaktır. Fakat tabii ki bu her zaman mümkün olmayabilir. Örneğin bir toplantının tam ortasında kayıt kâğıdınızı çıkarmanız garip olabilir. Bu durumlarda sizi neyin sıkıntıya soktuğuna dair zihinsel notlar alın veya bir parça kâğıda size hatırlatma yapacak kısa bir not alın. Ardından, öğleden sonra veya iş çıkışı, diyelim ki 20 dakikalık bir zamanı düzgün bir kayıt yapmak için ayırın. Ne olduğunu, ne hissettiğinizi ve düşüncelerinizi mümkün olduğunca detaylarıyla hatırlayabilmek için olayı zihninizde yeniden canlandırmaya çalışın.

Eğer bu kayıtları tutmaktan ve düşünceniz üzerinde çalışmaktan kaçınırsanız, bunun sık görülen bir durum olduğunu unutmayın. İnsanda olumsuz olayları, duyguları ve düşünceleri zihinden atıp unutmaya çalışmak, baskılamak gibi bir eğilim vardır.

Ama bilin ki, unutmaya çalışmak bu düşünceleri çözmez. Sizi düşüncelerinize ve duygularınıza odaklanmaktan alıkoyan özürlerin farkında olun. Örneğin, "Daha sonra yaparım" veya "Her şeyi unutmak en iyisi" gibi otomatik düşüncelerin etkisiyle düşüncelerinize bakmaktan kaçınabilirsiniz. Bunları yazarak kendinize hatırlatmanın kendinizi daha da kötü hissettireceğinden korkuyor veya bu düşüncelerden utanıyor olabilirsiniz. Hoşa gitmeyen yaşantıları düşünmekten kaçınmak oldukça doğaldır ama bunları incelemek depresyonunuzla savaşmanın en iyi yoludur. Eğer bunu yapmamak için kendinize mazeretler buluyorsanız, bilin ki, belki de sizi sıkan önemli bir konu üzerindesinizdir. Bu nedenle, bu tür durumlarda kendinizi yazmaya yönlendirin. Eğer sıkıntınız çoksa önce egzersiz veya dikkat dağıtıcı başka bir şey yapıp sonra bu çalışmanın başına oturun. Ama geri dönüp hiç bakmamak ya da bu düşünceleri ihmal etmek, onları yok etmeyecektir.

ALTINCI BÖLÜM

İLİŞKİLERİ GELİŞTİRMEK VE SORUNLARI ÇÖZMEK İÇİN

İnsanlar da ülkelere benziyor
Sınırları var, yüzölçümleri
Yasaları var
...
Sonuçta ne küçümse insanları kızım
Ne de önemse gereğinden çok
Ama anlamaya çalış
Nedir ve ne kadar genişleyebilir yüzölçümleri

("İnsanlar" / Ataol Behramoğlu
Kızıma Mektuplar / Tekin Yayınları)

Depresyonun tek nedeninin düşünce ve davranışlarımız olmadığını, biyolojik / bedensel yapımızın ve çevremizin de depresyonu az ya da çok etkilediğini belirtmiştik. Depresyon bir boşlukta ortaya çıkmaz; kişinin içinde bulunduğu ilişkiler ağı da depresyonu belirler. Yakın ilişkide olunan ve kişiyi destekleyen insan sayısının azlığı, insanlarla birlikteyken rahatsızlık duymak, utanmak veya onlara öfkelenmek, düşünce ve duygularını (tercihlerini, neyi sevip sevmediğini) söyleyememek, istek ve niyetini ifade edememek, ilişkilerde kendini reddedilmiş, görmezden gelinen veya yargılanmış biri gibi hissetmek depresyona yatkınlık gösterme nedenleridir. Depresyonun ve diğer ruhsal rahatsızlıkların azalması hem iyi bir yaşama hem de o iyi yaşamı iyi bir şekilde algılayacak veya görecek bir zihne ihtiyaç duyar.

Bu bölümde, yaşamımızdaki zorlukları nasıl değiştirebileceğimize yöneleceğiz kısaca. Yaşamımızdaki zorlukların önemli bir kısmı ilişkilerimizden, daha doğrusu bizim için önemli olan kişilerle yakın ilişkilerimizden kaynaklanıyor olabilir. İnsanlarla birlikteyken veya yalnızken, onları ve onlarla olan ilişkilerimizi gözlemler, algılar, düşünür ve bundan duygusal ve davranışsal olarak etkileniriz.

Başkalarıyla ilgili ne hissedip yaşadığımızı, gerek onlarla birlikteyken gerekse onlardan ayrıyken, düşüncelerimiz, duygularımız, bedensel tepkilerimiz ve davranışlarımız belirler. Bazı düşünceler ilişkilerimiz açısından bize yardımcıdır. Örneğin ortamda konuşulan şeylere ilgili düşünmek ve buna odaklanmak gibi. Fakat bazıları da yardımcı değildir: Örneğin, "Onu sıkıyor muyum? Beni sevdi mi?" diye düşünmek gibi.

Düşünce alanında etkili olan bir diğer süreç ise insanlarla ilgili genel bakış açımız ve beklentilerimizdir. Bu şemalar da aynı şekilde hem anlık düşünce ve değerlendirmelerimizi hem de duygularımızı etkiler. Örneğin, bir yabancıyla tanıştığımızı varsayalım. Eğer kendimizin genelde sevilen biri, insanların da iyi ve yardımsever olduğuna inanıyorsak, düşüncelerimiz konuşulan konularla ve o anla ilgili olur daha çok. Kendimizi açarız, karşımızdakini tanımaya çalışırız, rahat konuşuruz, iyi vakit geçiririz, bu etkileşim hoşumuza giderse belki yine görüşmeyi isteriz. Ama kendimizin genelde sevilmeyen biri, insanların da kötü ve çıkarcı olduğuna inanıyorsak dikkatimiz konuşulan konularda olmaz pek. O kişinin bizi sevip sevmediği, ona bir açık verip vermediğimiz gibi konuları daha çok düşünürüz. Kendimizi fazla açmayız, sıkıntılı bir durumda oluruz, muhtemelen de görüşmeyi kısa tutmaya çalışırız ve o kişiyle tekrar görüşmeye pek istekli olmayız. Muhtemelen o kişi de bizimle tekrar görüşmeye çok istekli olmaz.

Eğer insanlardan onay, sevgi, destek ve ilgi beklentilerimiz yüksekse, ilişkilerimizde çok sık hayal kırıklığı, üzüntü ve kızgınlık yaşayabiliriz. Ya da tam aksine, beklentilerimiz çok düşükse, nasılsa bir şey elde edemeyeceğimizi düşünerek insanlarla görüşmeye pek istekli olmayız. Bu da bizi insanlardan uzaklaştırır.

Başkalarıyla ilişkilerimizin bir diğer boyutu ise eylemlerimiz ve davranışlarımızdır. Örneğin, insanlarla bir aradayken konuşkan biri miyiz, yoksa dinleyici pozisyonunda mı kalırız daha çok? Samimi miyiz, mesafeli mi? Yardımsever miyiz, temkinli miyiz, yavaş ya da hızlı biri miyiz? Bu tür özelliklerimiz ilişkilerimizi etkiler. Davranışlarla ilgili olabilecek bir diğer boyut ise dış görünümümüz, kılık kıyafetimiz ve kendimize bakımımızdır.

Peki, ilişkiler alanında kendimizi nasıl geliştirip daha iyi hissedebiliriz?

Öncelikle, ilişkilerde ne istediğimizi fark edip (ki bu konuda duygularımız en önemli pusulamız olacaktır) ardından bu isteklere uygun şekilde davranıp konuşarak. Yaşamımızda olup bitenlerde ve ilişkilerimizde değişiklik yapabilmek için elimizdeki en önemli, hatta tek araç eylemlerimiz yani konuşmalarımız ve davranışlarımızdır. Konuşma ve davranışlarımız, "iletişim" dediğimiz, insandan insana karşılıklı aktarımdaki temel araçlarımızdır. Eğer insanlarla iyi iletişim kurabilirsek, istediklerimizi elde etme yönünde etkili bir tutum almış oluruz. İyi iletişim kurmak, insanlardan talep ettiklerimizi muhakkak elde edeceğimiz anlamına gelmez. Ama iyi iletişim kurmak, en azından bu konuda kendi rolümüzü en iyi şekilde oynamamızı ve payımıza düşeni en iyi şekilde yapmamızı sağlar.

İletişimde üç temel tutum vardır:

1. Edilgen iletişim: Karşımızdakine kendi istek, duygu ve taleplerimizi iletmeden, o ne diyor veya istiyorsa ona uymak.

2. Saldırgan iletişim: Karşımızdakini suçlayarak veya saldırgan bir dil kullanarak ona "hayır" demek.

3. Atılgan iletişim: Karşımızdaki kişiye ve onun taleplerine saygı duyup bir yandan da kendi haklarımızı savunmak veya taleplerimizi dile getirmek.

Şimdi bu üç tarzı örneklerle görelim. (Siz bu örneklerde aktarılan olayları iletişimde diğer uçtaki kişi olduğunuzu varsayarak okuyun.)

Markette, çok acelesi olduğu belli olan biri kasadaki kuyruğun en önündeki kişiden sıra istiyor. Bunu istediği müşteri ise dakikalardır sıranın kendisine gelmesini beklemiş. Şimdi, kendisinden sıranın başına geçmek için izin istendiğinde bu kişinin verebileceği üç farklı tepkiyi görelim:

Edilgen tarz: "Tabii ki, buyurun, ne demek."

Saldırgan tarz: "Hakkına razı ol, kuyruk olduğunu görmüyor musun? Hiç utanman yok mu? Nasıl böyle bir şey istersin!"

Atılgan tarz: "Yardımcı olmak isterdim ama ben de epeydir bekliyorum ve şimdi benim sıram. İşimse kısa sürede bitecek."

İkinci örnekte ise yaptığı iş beğenilmediğinde kişinin verebileceği tepki biçimlerini inceleyeceğiz.

Epeyce uğraşılarak yapılmış bir yemeği yiyen kişi, yemeği beğenmediğini söylüyor hazırlayana. Böyle bir durumda yemeği hazırlayan kişinin verebileceği üç ayrı iletişim tarzındaki cevapları görelim:

Edilgen tarz: "Kusura bakma, acelem vardı, çok dikkat etmemiş olabilirim. Özür dilerim."

Saldırgan tarz: "Çok biliyorsan kendin daha iyisini yap da görelim bakalım. Ahkâm kesmek kolay!"

Atılgan tarz: "Yemeğin nesini beğenmedin acaba, söyleyebilir misin?"

Çevreyle ilişkimiz dahilinde ortaya çıkan durumlarda ve insanların davranışlarında bize uygun olmayan şeyler mutlaka olacaktır. Bu açıdan hiç kimse ayrıcalıklı değildir. Önemli olan, aykırı bulduğumuz durumlar, tavırlar ve davranışlar olduğunda bizim nasıl tepki verdiğimizdir. Saydığımız üç tepki biçiminden hangisine muhatap olduğunuzda karşınızdaki insana anlayış gösterir veya davranışınızı onun isteğine göre değiştirirdiniz sizce?

Bu soruya çoğu kişi gibi benim de cevabım, eğer değişiklik sağlamak veya isteklerimize ulaşma olasılığımızı artırmak istiyorsak en iyi tarzın, kendi haklarımızı karşımızdakine saygı göstererek koruduğumuz ve taleplerimizi ifade ettiğimiz atılgan tarz olduğu.

İyi İletişim-Kötü İletişim

Düşünerek, hayal ederek veya istemekle insanların üzerinde bir etki oluşturamayız. Ancak konuşmalarımız ve davranışlarımızla bir etki oluşturabiliriz, yani iletişimle. Peki, konuşma ve davranışlarımız insanları etkilemek için elimizdeki tek araçsa, bu aracı en iyi şekilde nasıl kullanabiliriz? İletişim biçimimizi, istek ve ideallerimize uygun insan ilişkileri ortamı oluşturma yönünde düzenleyerek. Bunu mükemmel bir şekilde yaptığımızda istediğimiz yönde değişiklikler olacağının bir garantisi yok tabii. Ama en azından kendi açımızdan uygun olanı yapmış oluruz. Uygun olan iletişim biçimine "iyi iletişim", uygun olmayana ise "kötü iletişim" diyoruz.

İyi ve kötü iletişimin kendine özgü bazı özellikleri vardır.

Varsayalım ki, ilk bölümde öyküsünü anlattığımız Ahmet Bey, patronuna, kendisine verilen işlerden dolayı zorlandığını söyleyecek olsun. Biz de hem Ahmet Bey hem de patronu üzerinden iyi ve kötü iletişimin özelliklerini örnekleyip saptayalım.

İyi İletişimin Özellikleri

1. Olan bitenle ilgili ve net konuşmak.
   Örnek: "*Son günlerde iş yükümde bir artış oldu.*"

2. Duygu, düşünce, istek ve niyetlerimizi dürüst ve açık bir şekilde ifade etmek.
   Örnek: "*Ben işimi çok seviyorum ve en iyi şekilde yapmak istiyorum ancak bu dönemde işlerimi yetiştirmekte zorlanıyorum. Eğer iş paylaşımı yeniden gözden geçirilirse çok memnun olurum.*"

3. Anlamayı amaçlayarak iyi bir şekilde dinlemek.

Örnek: "*Doğru anladım mı acaba? Son dönemde iş yükünde bir artış oldu ve sen işini sevmekle birlikte yetiştirmekte zorlanıyorsunuz, öyle mi?*"

4. Karşı tarafa saygılı olmak, onun varlığını ve farklılıklarını kabullenmek.
Örnek: "*Senin zorlandığını ve iş paylaşımıyla ilgili bir değişiklik istediğini anlıyorum.*"

Kötü İletişimin Özellikleri

1. Karşı tarafla ilgili kapalı, anlaşılmaz ve uzun konuşmak.
Örnek: "*Son günlerde bana çok fazla yükleniliyor, diğerleri kayırılıyor, onlar yan gelip yatıyorlar. Böyle yöneticilik olmaz!*"

2. Duygu, düşünce ve niyetini saklamak veya davranışla ortaya koymak.
Örnek: *Susmak, surat asmak, aslında başka konulardan bahsediyorken yüksek sesle ve sert konuşmak.*

3. Karşı tarafı dinlememek veya kendini savunma ve saldırı amacıyla dinlemek.
Örnek: "*Kusura bakma, genel iş yükü arttı, ben de son günlerde çok yoğunum,* işten nefes alamıyorum." (Savunma) / "*Sen kim oluyorsun da gelip iş yükü fazla diye ileri geri konuşuyorsun? Haddini bil! Kapıda bekleyen çok mühendis var. Beğenmiyorsan gidersin, sen bilirsin.*" (Saldırı)

4. Karşı tarafa saygı duymamak, onu aşağılamak, onun varlığını ve farklılıklarını kabullenmemek.
Örnek: "*Sen nasıl olur da iş yüküne fazla diyebilirsin? Böyle bir şey asla düşünülemez. Bunu söylemeye hiç hakkın yok!*"

Alıştırma 3

1. Bundan sonraki günlerde kendinizde ve karşınızdakilerde bu sayılan 8 (4'ü iyi, 4'ü kötü) iletişim özelliğinden hangilerinin olduğuna dikkat edin. Bunların örneklerini not edin.
2. Kötü, sorunlu bir iletişimin ardından, eğer iyi iletişimin yöntemlerini uygulayabilmiş olsaydınız nasıl tepki verirdiniz, karşınızdaki kişiye neler söylerdiniz düşünüp bunları yazın.

Yaşam Sorunları

Ahmet Bey evine gelmiş dinlenirken oldukça üzüntülüdür ve zihni patronuyla sabah yaptığı konuşmadadır. Patronunun "eğer işine gelmiyorsa yerine başka biri bulunur" minvalindeki sözleri kafasında tekrar tekrar yankılanmaktadır.

Ahmet Bey'in kitabın başındaki depresyona giriş öyküsünü hatırlayın. Acaba Ahmet Bey o sorunlar ve onların getirdiği zorlanmalar olmasa yine de depresyona girer miydi? Bunu bilemeyiz. Ama şurası kesin ki, bu ve benzeri yaşam sorunları, depresyon hangi nedenle başlarsa başlasın onun sürmesine katkıda bulunur.

Sorun Çözerken

Yaşamımızdaki tek sorun alanı doğaldır ki insan ilişkileriyle ilgili değildir. Maddi güçlükler, bedensel hastalıklar, zorlayıcı koşullar, ailedeki hastalıklar, işyeri ve çalışma şartları ile ilgili sorunlar da bizi etkiler. Sizin de muhtemelen hem depresyonun etkisiyle ortaya çıkmış hem de depresyonunuzun ortaya çıkmasına ya da sürmesine neden olan sorunlarınız olabilir. Bunların çözülmesi veya azalması da size iyi gelecektir. İşin ilk adımı öncelikle bu sorunları saptamaktır.

1. Yaşamınızdaki sorunları belirleyin

Hepimiz yaşamımızın çeşitli dönemlerinde sorunlar yaşarız ve bunlar bazen depresyonu tetikleyebilir. Depresyona girmeden önce sizi rahatsız eden herhangi bir şey oldu mu? Eğer olduysa, bunları aşağıya yazın.

Örnek: *Ahmet Bey önde gelen sorunları olarak şunları tespit etmiştir: Maaşının geç verilmesi, çocuğun okulunun ücretini karşılamakta zorlanması ve aşırı iş yükü.*

2. Sorunlarla uğraşmak için yöntem geliştirin

Çözüm bulunamayan sorunlar depresyonu sıklıkla tetikleyebilir. Sorunlar kolayca halledilemediğinde çözüm yolları aramaya çalışmak yerine o konuyu zihninizden atmaya mı çalışırsınız? Eğer öyleyse, bir önceki soruda sıraladığınız sorunlarla ilgili düşünün. Düşüncelerinizi yazmanız sizin için iyi olacaktır. Sonrasında her bir sorununuz için aşağıda önerdiğimiz yöntemleri uygulamayı deneyin.

Eğer sorun sizi bekleyen, yapmak zorunda olduğunuz belli bir işse ve size çok karmaşık, yorucu görünüyorsa, işi tamamlamanız için atmanız gereken adımları yazın ve her seferinde bir adım atın. Çözümsüz gibi görünen sorunlar halledilebilir küçük birimlere bölündüğünde durumun üstesinden daha kolay gelinir. Unutmayın ki, hiçbir sorunun tek bir çözüm yolu yoktur. Eğer tek bir çözüm biçimine saplanıp kaldıysanız ve herhangi bir ilerleme kaydedemiyorsanız, sorununuzu alt etmek için alternatif yollar bulup yazmaya çalışın. Sorununuzu güvendiğiniz bir insanla tartışın. Çevrenizdeki insanlara böyle bir güçlükle karşılaşmış olsalardı nasıl halletmeyi seçeceklerini sorun. Bu süreçte mümkünse ailenizin veya bir arkadaşınızın size yardımcı olmasını sağlamaya çalışın.

Sonrasında sorununuzla ilgili şu yöntemleri uygulayın:

a) Karşılaşabileceğiniz en önemli güçlükleri yazın.

Örnek: *Ahmet Bey karşılaşabileceği potansiyel zorlukları şirketin ekonomik durumunun iyi olmaması ve yeni iş bulmanın güçlüğü şeklinde tespit etmiştir.*

b) Kendinizi sorundan UZAKLAŞTIRARAK dışarıdan bir gözlemci gibi bakın.

Dışarıdan bir gözlemci sorununuzla ilgili neler düşünürdü, onu yazın.

Örnek: *Ahmet Bey kendini başkasının yerine koyduğunda şu düşünceye ulaşmıştır: "Ahmet Bey'in tecrübeli bir mühendis olarak iş bulabileceğini düşünürdüm."*

c) Sorunu halletmek için kullanabileceğiniz ALTERNATİF YOLLAR bulmaya çalışın.

Hangi çözümleri bulabildiniz? Danıştığınız güvenilir kişiler bu çözüm yollarını nasıl buldu?

Örnek: *Ahmet Bey dört çözüm yolu bulmuştur: Kendini atılgan bir şekilde ifade ederek patronuyla konuşmak / Çalışmaya devam ederken bir yandan da yeni iş aramak / Ses çıkarmadan beklemek / Durumunu patrona ortak bir tanıdıkları aracılığıyla aktarmak.*

ç) Her bir çözüm yolunun YARAR VE ZARARLARINI inceleyin.

Bazen mükemmel ve kolay bir çözüm yolu yoktur. Bulduğunuz her bir çözüm yolunun yarar ve zararlarını araştırın.

Örnek: *Ahmet Bey işyerini değiştirme seçeneğinin artısını ve eksisini şöyle not etmiştir: Olumlu yanı daha çok ve düzenli para kazanma olasılığı / Olumsuz yanları yeni bir işyerinde de maaşların aynı şekilde geç ödenmesi olasılığı ve yeni işyerine uyum sağlayamama.*

Yarar **Zarar**

d) Sorunu çözmek üzere atacağınız her adım için bir ZAMAN SÜRECİ belirleyin.

Çözüm yollarından size en uygun olanı seçin ve atacağınız adımlar için tarih belirleyin. Tarih belirlemek yararlıdır. Çünkü bize eyleme geçme cesareti verir. Gerçekçi tarihler belirlemeye çalışın.

Örnek: *Ahmet Bey patronuyla bizzat konuşmaya karar vermiştir. Bu konuda atacağı adımların zaman sürecini şöyle bir sıralamayla belirleyip karşılarına tarihlerini not etmiştir: Randevu almak / Yapacağı konuşmayı hazırlamak / Bu konuşmayı güvendiği bir arkadaşına danışmak / Randevu günü patronuna gidip konuyu açmak.*

Çözüm Adımları	**Tarih**

e) Sorunu çözmek için yapacaklarınızı ADIM ADIM BİR EYLEM PLANI şeklinde kararlaştırın.

Tam çözüme ulaşmanın zor olduğu ve uzun süreceği durumlarda sorunun çözümünü adımlara bölün. Atacağınız her bir adımı planlayın ve her bir adımdaki hedefe ulaşmak için gerçekçi zaman hedefleri koyun.

Örnek: *Ahmet Bey eylem planını şu şekilde not etmiştir: Randevu alma - Yarın / Konuşmayı hazırlama - Akşam / Patronu iyi tanıyan arkadaşımdan fikir alma - Yarın / Konuşmamı prova etme - Yarın / Patronla konuşma - Randevu günü.*

Eylem	**Tarih**

f) Sorunu çözmede GÖSTERDİĞİNİZ İLERLEMEYİ İNCELEYİN.

Her bir adımda katettiğiniz ilerlemeyi gözden geçirin ve bunu güvendiğiniz biriyle tartışın.

Örnek: *Ahmet Bey ilerleme durumunu şu şekilde not etmiştir: Randevu aldım - Çarşamba günü görüşeceğiz / Görüşmeyi hazırlama - Dün akşam hazırladım / Arkadaşımla görüşme - Bugün buluşuyoruz / Konuşma provası – Bugün yapacağım / Randevuya gitme - Çarşamba saat 14:00'de.*

Tarih	**İlerleme Durumu**
______________________________	______________________________
______________________________	______________________________
______________________________	______________________________
______________________________	______________________________
______________________________	______________________________

YEDİNCİ BÖLÜM

İYİ OLMAK VE İYİ KALMAK

(...)
ben şimdi diyorum ki
buna inanmak gerek
bir susam gibi boyuna sulamak umutsuzluğu
ve direnmek
hep direnmek devam etmek adına

diyorum ki acılığı eksilmesin ağzımızdan
boyuna tükürmek için
boyuna

("Acının Tarihi" / Turgut Uyar
Büyük Saat / YKY)

Bu kitabı okumak bir tür yolculuktu ve bu son bölüm yolculuğun da sonu gibi görünebilir şu anda. Ama değil. Yolculuk asıl bundan sonra başlıyor. Sizlerin yolculuğu. Bu kitap, anlatılan yöntemler içselleştikçe ve uygulandıkça anlam kazanacak. Bu da yaşam boyu devam edecek asıl yolculuk olacak.

Albert Einstein, 5 Şubat 1930'da oğlu Eduard'a yazdığı bir mektupta yaşamı bisiklet sürmeye benzeterek şöyle der: "Yaşam bisiklete binmek gibidir. Dengeni korumak için hareket etmeye devam etmelisin." Yani yaşamdaki ideallerimiz açısından baktığımızda varılacak bir bitiş çizgisi yok. Hayat, yaşadığımız sürece içini dolduracağımız bir süreç. Asıl mesele de onun içini nelerle doldurduğumuz.

Sonlar genelde hüzün verir. Ama ben şu anda bu son bölümü yazarken kendimi mutlu ve istekli hissediyorum. Çünkü yazar olarak bu bölüme gelişimi bir bitiş, bir veda olarak değil, bir başlangıç gibi görüyorum. Kitabın sizlerle buluşma sürecinin başlangıcı.

Yaşam çok zengin. Hayata ve başımıza gelenlere çok farklı şekillerde bakabiliriz. Bu bakış biçimleri hem tecrübemizle, öğrendiklerimizle hem de seçimlerimizle ilgili. Her bakış açısı bir seçimdir aynı zamanda. O hâlde seçtiğimiz şeyi neden seçtiğimizin bilincinde ve farkında olmamız çok önemli.

Bu kitabı yazmam da bir seçim. Bu kitabı yazmayabilir, yazmak için harcadığım zamanı farklı şekillerde de geçirebilirdim. Seçimlerimiz duygusal etkenler yani isteklerimiz ve pratik koşullar tarafından biçimlenir. Yapmaya mecbur olmadığımız bir şeyi yapıyorsak orada öncelik duygusal nedenlerde yani isteklerimizdedir. Bu tür zorunlu olmayan bir etkinlikte istek duymak ön şarttır ama yeterli şart değildir. Yeterli şartlar zaman, bilgi ve imkânlar sayesinde oluşur. Öğrenmeye, bilgiye, bilgiyi paylaşmaya ve insanların yararına sunmaya dönük ideallerim, bu kitabı yazdıran ana motivasyon kaynağımdı. Yazmamı kolaylaştıransa bunun beni toplumsal alandaki ideallerime yaklaştıran bir davranış olması. Ruh sağlığı alanında güncel, uygulanabilir ve işe yarar bilgilerin topluma ulaştırılması ideali. Tabii ki yazmamın, başta mesleki olmak üzere, başka alanlardaki değer ve ideallerime hizmet eden yanları da var. Bu içsel gerekçenin dışında, okurlardan daha önceki kitaplarım için gelen olumlu geri bildirimler benim için en önemli motivasyon kaynağıydı. Bu kitap kaç kişiye ulaşır? Kitabı alanlardan kaçı tamamını okur ve bu bölüme gelir, bilmiyorum. Ama bu satırları okuyacak insanların olma olasılığını bilmek, hele de bazılarında olumlu etkiler oluşturabilme olasılığı ayrıca mutluluk verici.

Bu kitabı sadece ruh sağlığınız açısından bir şeyler yapmak adına, yani aktardığım uygulamaları yapmaksızın okuduysanız, evet, bu da tek başına önemli. Ama bence bu kitapta aktarılan uygulamaları ve yöntemleri kendi yaşamınızda denemeniz ve kullanmanız en önemlisi. Hepimiz okuyarak, dinleyerek ve görerek bir şeyler öğreniriz. Ama köklü değişiklikler sağlayan en iyi öğrenme yöntemi okuduklarımızı, dinlediklerimizi ve gördüklerimizi bizzat uygulamaktır. Uygulama ve deneyim en iyi öğretmendir. İyi ve mutlu bir yaşam sadece dinleyip görerek veya okuyarak değil, yaparak ve yaşayarak ortaya çıkar. Bu kitapta aktarılan bilgi ve yöntemler siz uyguladıkça alışkanlıklarınız hâline gelecektir.

Bu kitapta okuduklarınızı uygulayıp hayata geçirmenizin, iyi kalmanızın veya daha iyi olmanızın anahtarı iyi yaşamaktır. İyi yaşam, kendimizdeki veya çevremizdeki eksikliklere odaklanarak onları ortadan kaldırıp yok etmeye veya bunu yapamadığımızı fark ettiğimizde onlardan kaçmaya çalışarak elde edilemez. İyi yaşam, istek ve ideallere dönük davranışlarla gelir. İstek ve ideale dönük davranışsa belli bir sonuç için değil, o davranışı yapmak için yapılır. Belki de, insanlığı bugüne getiren pek çok değer kendilerini sadece ve öncelikle yaptıkları şeye adamış insanların çabaları sayesinde oluşmuştur.

Bu noktada, "Ben ne istediğimi bilmiyorum, istek duymuyorum," diyenler çıkabilir. Böyle düşünen kişilere önerim, zamanlarının ne kadarını istemedikleri, ne kadarını da istedikleri şeylere harcadıklarına bakmaları. Duygular, yaşamdaki istediğimiz ve istemediğimiz şeyleri gösteren bir tür işaret sistemidir. Biz bu işaret sisteminin sadece istemediklerimizi gösteren yönüne odaklanırsak isteklerimizle bağlantımız kesilir.

Şu an iyiysek, bu iyilik hâlini sürdürmek için kendimizdeki ve çevremizdeki iyiliği besleyip büyütmeye çalışmalıyız. "Depresif, çökkün ben" yerine "sağlıklı ben" için çalışmalıyız. İyilik hâlini sürdürmemiz öz bakımla, yani sağlıklı beslenmekle, egzersiz yapmakla, hareket etmekle başlar. İnsan toplumsal bir canlıdır, dolayısıyla sosyal etkinliklerle, arkadaşlık ilişkileriyle, insanlarla konuşup paylaşma yoluyla ruhsal olarak da kendimizi iyi beslememiz önemlidir. Aile ilişkilerimizde, arkadaşlıklarımızda, hobilerimiz adına, mesleki, toplumsal, felsefi veya manevi alanda kendimize ait değerler olması bizi iyi tutar. Ama bu işin küçük bir sırrı var: Tüm bunları iyi olmak için yapmamalıyız. Bunları yaptığımızda elbette iyi oluruz ama bunun ilk şartı, bunları iyi olmak için yapmamaktır. Yaşamın çeşitli alanlarında kendilerini adayarak iyi şeyler yapanlar, yaptıkları eylemin kendisine odaklanmıştır, onu yaparak iyi olmaya değil. Ünlü boksör Muhammed Ali'nin dediği gibi: "Günleri saymayın; günlerinizi sayılabilecek günler hâline getirin."

İlerisi İçin Birkaç Söz

İleride olabileceklere nasıl hazır olalım?

Yaşamda aksilikler, kötü olaylar ve üzüntüler kaçınılmazdır. Aksilikler her an olabilir ve olması da normaldir. Böyle durumlarda, konuşan zihniniz size yine en başa döndüğünüzü ve hiçbir şeyin değişmediğini söyleyebilir. Ama siz ona inanmayın. Zorluklar da dahil olmak üzere her şey ve siz de dahil olmak üzere herkes anbean, sürekli değişir. Bazı şeyler bize aynıymış gibi gelebilir ama bu algı zihnimizin işe yaramayan bir kolaycılığıdır. "Yine aynı şeyler oluyor" düşüncesinin ne yararı var? Bunu sorgulayın öncelikle. Bu düşünceye ne ihtiyacınız var? Zihniniz bununla ne elde etmeye çalışıyor ve elde etmeye çalıştığı şey ne işe yarayacak? "En başa döndüğünüze" inanma tuzağına düşmemeye çalışın çünkü bu, kendinizi sadece daha kötü hissettirir. Eğer böyle bir durum ortaya çıkarsa, aklınıza gelen düşüncelerin düşünce olduğunu hatırlayın. Sırf siz düşündünüz veya aklınıza geldi diye her düşünceyi ciddiye almak, ona inanmak veya ona uygun davranmak zorunda değilsiniz. Hele o düşünceye uygun davranmak size kötü gelecek sonuçlar doğuracaksa, o düşünceleri satın almayın, kendi hâllerine bırakın, onlar olmaları gereken yere kendi kendilerine giderler. Herkesin mutsuz günleri olabildiğini, herkesin başına kötü şeyler gelebildiğini, bunun insan olmanın bir parçası olduğunu hatırlatın kendinize. Sizin başınıza gelenler (ayrılıklar, kayıplar, yenilgiler, düşündükleriniz, hissettikleriniz) yeterince yaşayan her insanın başına geldi, geliyor ve gelmeye de devam edecek. Evrensel, ezeli ve ebedi bir gerçek bu. Başınıza gelenleri yaşamın zorunlu bir parçası olarak anlayıp onlardan öğrendiklerinizle yola devam etmeye çalışın.

Bu zorlukları kendinizle ilgili yeni bir şey öğrenmek ve gelecekte benzer sorunlardan kaçınmak için kullanabilirsiniz. Bu kaçınılmaz zorlukları atlatmada insanın en büyük destekçisi ve yardımcısı insandır. İnsan, insanın acısını alır. Birlikte oturup sohbet edebileceğiniz, dertleşebileceğiniz birisi, yaşadığınız zorluklar için en iyi ilaçtır belki de. Bu sadece içinizi döküp acılarınızı tek taraflı paylaştığınız bir ilişkide olmak demek değil. Karşılıklı olarak hayatınızda neler olup bittiğini, amaçlarınızı ve tabii ki zorluklarınızı da paylaştığınız biriyle ilişkide olmak demek. Sorunlar sadece kendi içimizde kaldıklarında ve onlarla tek başımıza baş etmeye çalıştığımızda gerçekte olduklarından çok daha büyük görünürler. Yaşamda ilerleme çizgisi hep yukarı doğru gitmez, inişli çıkışlıdır. Bu iniş çıkışları olduğu gibi kabul ederek yola devam etmek ve uzaklarda olana, her açıdan iyi bir insan olmaya ve iyi ilişkiler içinde olma idealine doğru yürümek asıldır. Bu hedefin araçları değişebilir. Aslolan araçlar değil, o değişmeyen amaçtır. Araçlar zaman zaman elimizden alınabilir ama ideallerimiz ve amaçlarımız bize aittir, hiçbir koşulda bizden alınamazlar.

İnsan kısmı bir misafirhane,
Her sabah yeni birisi gelir.
Bir sevinç, bir bunalım, bir zalimlik,
Aniden farkına varmak bir şeyin,
Hepsi beklenmedik misafir.
Hepsini karşılayıp eyle!
Evini vahşetle süpürüp,
Bütün eşyalarını boşaltan
Bir kederler kalabalığı bile gelse.
Her geleni alnının akıyla misafir et.
Olur ki yeni bir zevk getirmek için
Boşalttılar evini.
Karanlık düşünce, utanç ve garez,
Hepsini gülerek karşıla kapıda
Ve buyur et içeri.
Minnettar ol her gelene
Kim gelirse gelsin.
Çünkü bunların her birisi
Öbür taraftan bir kılavuz
Olarak gönderildi.

("Misafirhane" / Mevlânâ)

SONNOTLAR

1 Cumhur Boratav. Boratav Depresyon Tarama Ölçeği (BORDEPTA): Epidemiyolojik Calışmalar ve Birinci Basamak Sağlık Hizmetinde Depresyonu Tanımaya Duyarlı Bir Ölçek, *Türk Psikiyatri Dergisi*, 2003; 14(3): 172-183.

2 Selçuk Aslan ve ark. Depresif Belirti Envanteri - Klinisyen Formu (DBE-K30) ve Özbildirim Formu (DBE-O30)'un Majör Depresyonlu Hastalarda Geçerlik ve Güvenirliği. *Klinik Psikofarmakoloji Bülteni*, 2006; 16: 1-16.

3 Neşe Erol, Cengiz Kılıç, Mahir Ulusoy ve ark. *Türkiye Ruh Sağlığı Profili Araştırması*, Ana Rapor. 1998. Ankara: T. C. Sağlık Bakanlığı.

4 Judith Verduijn, Josine E. Verhoeven, Yuri Milaneschi, Robert A. Schoevers, Albert M. van Hemert, Aartjan T. F. Beekman ve Brenda W. J. H. Penninx. Reconsidering the prognosis of major depressive disorder across diagnostic boundaries: full recovery is the exception rather than the rule. *BMC Medicine*, 2017; 15: 215 https://doi.org/10.1186/s12916- 017-0972-8

5 Paul Gilbert, Evolutionary Approaches to Psychopathology and Cognitive Therapy. *Journal of Cognitive Psychotherapy: An International Quarterly*, 2002.

6 Michael W. Otto, Timothy S. Church, Lynette L. Craft, Tracy L. Greer, Jasper A. J. Smits, Madhukar H. Trivedi. Exercise for Mood and Anxiety Disorders. *Prim Care Companion J Clin Psychiatry*, 2007; 9(4): 287–294.

7 Lynette L. Craft, Frank M. Perna. The Benefits of Exercise for the Clinically Depressed. *Prim Care Companion J Clin Psychiatry*, 2004; 6(3): 104–111.

8 Target Heart Rate and Estimated Maximum Heart Rate, Centers for Disease Control and Prevention. https://www.cdc.gov/physicalactivity/basics/measuring/heartrate.htm

9 Matthew A. Killingsworth ve Daniel T. Gilbert. A Wandering Mind Is an Unhappy Mind. *Science*, 2010; 330: 932.

DİĞER KAYNAKLAR

- *Bilişsel Davranışcı Terapi, Temel İlkeler ve Uygulama* / Prof. Dr. M. Hakan Türkçapar / Epsilon Yayınevi
- *Klinik Uygulamada Bilişsel Davranışcı Terapi, Depresyon* / Prof. Dr. M. Hakan Türkçapar / Epsilon Yayınevi
- *Overcoming Depression One Step at a Time: The New Behavioral Activation Approach to Getting Your Life Back* / Michael E. Addis, Christopher R. Martell / New Harbinger Publications

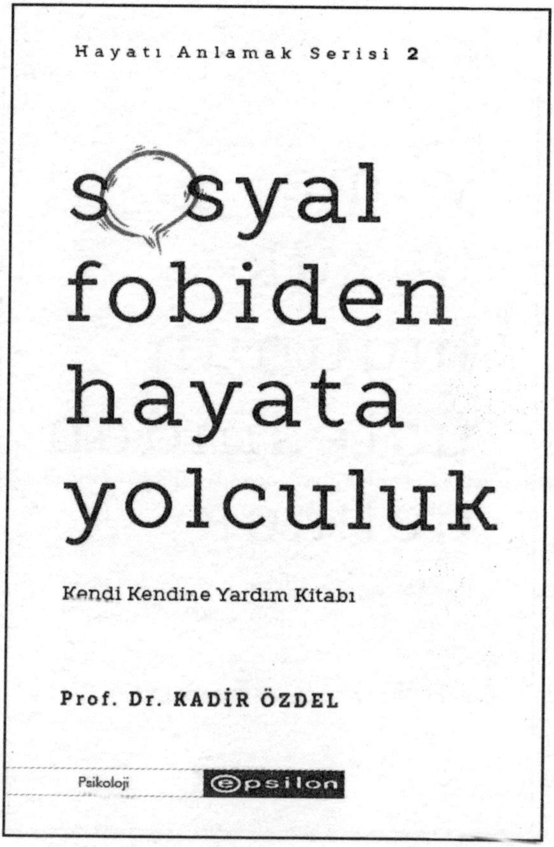

Prof. Dr. M. Hakan Türkçapar'ın editörlüğünde hazırlanan ve her kitapta belli bir psikolojik soruna odaklanan *Hayatı Anlamak* serisi, insanın hemen her ânında içinde bulunduğu sosyal ortamlar ve ilişkilerde yaşadığı kaygıları konu ederek devam ediyor. Bireyin kendine nasıl yardım edebileceğine yoğunlaşan bu serinin ana rengi, psikolojik bozuklukların nedenleri ve çözümlerini anlamak için iletişime dayalı bilimsel yöntemi esas alan Bilişsel Davranışçı Psikoterapi. Prof. Dr. Kadir Özdel, sosyal fobinin sebeplerini bilimsel yöntemlerle incelerken kaygının azaltılması için hayati çözüm önerileri getiriyor.

Yeme Bozukluğunun Üstesinden Gelmek, hem yeme bozukluğu hastalarına hem de yeme sorunları yaşayan sağlıklı bireylere yönelik bilimsel bir kılavuz. "Bizi diyetler bozdu," diyen Prof. Dr. Aslıhan Dönmez, yeme davranışımız açısından fabrika ayarlarımıza dönmenin yollarını uygulamalarıyla anlatıyor. Yeme bozukluklarının psikiyatrik hastalıklar arasında doğrudan hayati tehlike yaratan tek rahatsızlık olduğunu vurgulayarak endişelerinize kalıcı çözüm önerileri getiriyor.